이제는 절대로 심리전에서 밀리지 않는다

이제는 절대로 심리전에서 밀리지 않는다

이토 아키라·나이토 요시히토 지음 | 이선희 옮김

바다출판사

선의를 악용당하지 않으려면

'싸움.'

사람들은 이 단어에서 어떤 느낌을 받을까? 자기와는 상관없다는 듯이 뒤로 물러서는 사람도 있고, 가슴에서 뭔가 뭉클거리면서 흥분하는 사람도 있으며, 왠지 꺼림칙한 느낌이 드는 사람도 있을 것이다. 그러나 개개인의 생각과 상관없이 인생은 태어나서 죽을 때까지 싸움의 연속이다. 정치와 비즈니스는 말할 것도 없고 사람들과의 일상적인 관계도 그렇다. 좋아하는 사람을 자기편으로 만드느냐 만들지 못하느냐, 프러포즈에 성공할 것이냐 실패할 것이냐 하는 것들이 모두 싸움에 포함된다. 사람들은 당연히 싸움, 즉 경쟁에서 승리하고 싶어 하고 자신을 지킬 수 있는 강한 무기를 갖고 싶어 한다.

그렇다면 승리를 쟁취할 수 있는 강한 무기란 무엇일까? 고대 전투에서는 칼이나 총과 같은 무기나 강인한 육체가 승리를 약속해주었다. 그러나 지금은 그런 무기만으로는 복잡한 일상의 경쟁에서 승리를 확신할 수 없다.

그렇다. '일상생활에서의 싸움'에서 승리하기 위한 가장 강력한 무기는 '사람의 마음'이다. 모든 싸움은 마음에 의해 좌우된다. 마음의 법칙을 알고 그 법칙을 이용하면 나를 지키고 나아가 승리할 수 있다. 이것이 바로 이 책의 핵심이다.

출세와 비즈니스, 좋은 인간관계, 연애 등 이 세상의 모든 일은 사람의 마음을 아는 것으로부터 출발한다.

이 책에서는 여러 실험이나 조사 결과를 토대로 사람들을 어떻게 설득할 것인가, 다른 사람에게 어떤 인상을 심어줄 것인가, 어떻게 프로파일링(profiling)할 것인가와 같은 직접 실천할 수 있는 방법들을 소개하려고 한다.

"나는 왜 그 방법을 모르고 있었을까!" "조금만 더 빨리 그 이론을 알았더라면……." "나는 지금까지 이런 방법으로 속았구나!" 이 책을 보면서 이렇게 후회하는 사람도 있으리라. 그러나 걱정할 것 없다. 그것을 만회할 기회는 앞으로도 얼마든지 있으니. 지금부터라도 이 책에 나온 방법들을 자기 것으로 만들고, 무사가 칼을 갈듯이 연마하면 된다. 지금 당신 주위에 있는 사람들은 그런 방법이 있다는 사실조차 모르고 있으니, 얼마나 다행스러운 일인가!

지금까지는 누군가에게 굴복하고, 기만당하고, 늘 속으며 살아왔더라도, 앞으로는 다르다. 더 이상 선량함이라는 당신의 미덕이 악용되는 일은 없을 것이다.

혹시 사람의 마음을 교묘하게 휘어잡는 능력을 타고나서, 지금까지 수많은 것들을 손에 넣었던 사람이라면 앞으로 그 장점을 열 배,

스무 배, 아니 그 이상 살릴 수 있다. 타고난 천부적인 소질에 심리학 이론이 보태지기 때문이다. 자신의 내부에 잠들어 있는 능력, 그것을 모두 이끌어내기 위한 보조 수단으로 이 책이 조금이나마 도움이 되었으면 한다.

이 책에서는 주로 과학적인 연구 결과에 따른 '나를 지키기 위한 생활 속 심리학 이론'을 소개하고자 한다. 물론 학문적인 이론뿐만 아니라 구체적인 사례도 소개하고 있다. 2장에서는 사람들이 설득할 때 자주 쓰는 심리학 이론을 이용한 세 가지 테크닉을 소개한다. 이 세 가지만 기억하면 상대방에게 휘둘리거나 마음을 이용당하는 일은 없을 것이다. 3장에서는 누군가를 자기 마음대로 움직이려고 할 때 쓰는 방법을 심리학을 통해 설명한다. 어떤 결정을 내릴 때 그 선택이 남이 아닌 내가 내린 것이 될 수 있도록 도와줄 것이다. 4장에서는 유명한 전략가들이 쓴 고전 속 글을 심리학적 시점에서 바라보고 이를 현대에 맞게 가공했다. 5장에서는 사회심리학 분야에서 주목하고 있는 '인상관리'에 대해 설명한다. 인간은 누구나 연기를 하며 살아간다. 작은 말과 행동으로 타인에게 좋은 인상을 주는 방법을 알 수 있을 것이다. 6장에서는 나의 심리를 숨기고 상대방의 심리를 간파하기 위한 '프로파일링'이라는 심리학 기법을 알아본다. 7장에서는 그것들이 실전에서 어떻게 악용되는지 살펴보겠다.

이 책에서 소개하는 여러 가지 심리학 이론을 기억해둔다면 언제 어디서든 나 자신을 지킬 수 있을 것이다. 여기에서 소개하는 내용은 모두 심리학과 관련된 내용이며, 일상생활에서 눈에 보이지 않는 무기로 작용한다.

물론 악용하려고만 들면 얼마든지 나쁘게 사용할 수도 있다. 그것이 가장 걱정되는 점이기도 하다. 그러나 잊지 말아야 할 것은 이미 오래전부터 사람들의 마음을 악용하는 사람들이 있어 왔다는 사실이다. 사기꾼이나 악덕 장사꾼들은 이미 이런 심리학 이론을 자기 것으로 체계를 잡아 사용하고 있고, 실제로 많은 사람들이 이런 수법에 속고 있다.

따라서 이 책은 그들에게 당하는 것을 방지해주는, 강한 마음의 버팀목이 되리라고 생각한다. 속이는 방법과 마음의 움직임을 알고 있으면 "아! 지금 저 사람이 여러 번 거절하지 못하는 심리를 이용하고 있군." 하고 여유를 갖고 대처할 수 있다.

나는 여러분이 이 책을 좋은 쪽에 사용해서 비즈니스 협상에서 성공하는 것은 물론이고, 원만한 인간관계를 만드는 데도 도움이 되기를 바란다.

나아가 이 책의 내용을 이용해서 남에게 멋모르고 당하지 않는 것을 넘어 오히려 자신의 요구를 관철할 수도 있다. 이때 내 뜻을 관철하는 것도 중요하지만, 때로는 일부러 지는 것이 더 좋을 수도 있다는 걸 기억해두자. 이것도 심리전에서는 하나의 방법이다. '져주면서 이기는' 것이 가장 멋진 승리일 수 있다. 승자가 있고 패자가 있는 싸움이 아니라(상대방이 졌다고 생각하는 것), 서로 이기면서(영어에서 말하는 'win-win') 싸움을 끝내는 것이 중요하다. 이 세상에 당하고도 기분 좋은 사람이 어디 있으랴. 그렇기 때문에 당했다고 생각하면 반드시 어떤 식으로든 복수하게 마련이다. 따라서 상대방에게 승리를 양보하여 기분 좋게 만들어주고, 좋은 인간관계를 유지하는 것도 심리전에서는 훌륭한 승리라고 할 수 있다. 심리학 테크닉을 이용해 상대방을 마음대로 움직여서 노골적으로 이기는 것은, 어떤 의미에서는 패배나 마찬가지가 아닐까.

어쨌든 심리학의 세계에 들어온 것을 환영한다.

차례

1

나를 움직이는 것은 무엇인가

마음은 감정에 약하다

말 한마디가 천 냥 빚을 갚는다

비즈니스 업계에는 직원들이 상품이나 기계, 부품 등을 훔치는 일이 종종 있다. 이런 사건은 해마다 수십억에서 수백억 달러에 이르는 손실을 내면서 업계에 심각한 타격을 준다. 비즈니스의 비폭력 범죄 중 최악의 사건이다.

이런 도난 사건은 대부분 직원이 일에 비해 보수가 적다고 느낄 때 많이 일어난다. 물건을 훔쳐서 적은 보수를 보충하려고 하기 때문이다. 다시 말해 이런 사건은 경제적으로 궁핍하다거나 생활이 어렵다는 구체적인 이유보다는 '불공평하다'는 생각 때문에 일어나는 경우가 많다.

그렇기 때문에 어떤 이유로든 임금이 삭감되었을 때 직원들이 저지르는 도난 사건이 많이 발생한다. 이를 최대한 방지하려고 시도

한 사람이 바로 심리학자 그린버그다.

그는 부품제조공장 세 군데를 대상으로 실험을 실시했다. 세 군데 모두 대기업의 하청공장인데, 그 회사가 중요한 계약을 놓치는 바람에, A 공장과 B공장에서는 10주에 걸쳐 임금을 15퍼센트 줄일 수밖에 없다는 결정을 내렸다. 한편 C공장에서는 전혀 임금을 줄이지 않았다. 조사 기간은 임금 인하 전과 인하 중, 인하 후의 각각 10주다.

A공장에서는 90분 동안 회의를 하면서, 사장이 직접 임금 인하에 대한 상황을 자세하게 설명해주었다. 그것도 강압적으로 말한 것이 아니라 직원들에게 최대한 경의를 표하면서 정중하게 말이다.

"저는 회사를 운영하면서 개인적으로 절대로 있어서는 안 된다고 생각하는 것이 있습니다. 바로 해고입니다. 그러나 여러분도 아시다시피 회사의 주거래 대기업이 중요한 계약을 놓쳐서 우리도 당분간 힘들 수밖에 없을 것 같습니다. 이렇게 힘든 상황을 극복하기 위해서는 함께 참고 이겨내야 합니다. 저는 고민에 고민을 거듭한 끝에 모든 사람들에게 도움이 되는 방법을 생각해냈습니다. 그것은 아주 간단한 방법인데, 다음 주부터 10주 동안 전 직원의 임금을 15퍼센트 줄이는 것입니다. 이것은 여러분에게도 그리고 저에게도, 이 공장에서 일하는 모든 사람에게 공평하게 적용됩니다. 임금을 15퍼센트만 줄일 수 있다면 누군가를 해고할 필요도 없고, 임금 이외의 수당을 줄이지 않아도 됩니다. 이런 결정을 하기까지 무척 힘들었습니다. 그러나 지금 우리가 선택할 수 있는 방법은 이것뿐입니다. 여러분은 나의 가족이나 마찬가지입니다. 그렇기 때문에 여러분이 열심히 일한 대가를 빼앗는다고 생각하니, 참으로 눈물이 앞을 가립니다. 그러나 앞으로 10주 동안 서로 노력해서 이 난관을 헤쳐 나가지 않으면 안 됩니다."

이에 비해 B공장에서는 같은 상황에 대해 다른 태도를 취했다. 불과 15분 동안 회의를 하면서 부사장이 간략하게 설명했을 뿐이다.

"비즈니스를 하다 보면 비용 절감은 피할 수 없는 일입니다. 불행하게도 지금 우리 공장이 그렇습니다. 괴로운 일이지만 사장님께서는 다음 주 월요일부터 10주간 모든 직원의 임금을 15퍼센트 줄이기로 결정했습니다. 이번에 주거래 대기업이 큰 계약을 놓쳤기 때문입니다. 물론 여러분도 힘들겠지만, 계약을 놓친 이상 제조업에서는 피할 수 없는 일입니다. 질문이 있으면 대답하겠지만 다음 회의 때문에 바로 공항으로 가야 하니까 두세 가지 질문만 받겠습니다."

A공장과 B공장은 둘 다 임금을 삭감하기로 했고 다른 점은 이런 변명의 차이밖에 없었다. 그런데 그 결과는 너무나 달랐다(20쪽 도표 참조).

도난 사건은 임금이 줄어든 A공장과 B공장 모두에서 증가했지만, 그 비율은 B공장이 압도적으로 높았다. 또한 임금은 줄었지만 A공장에서는 불만의 목소리가 그다지 크지 않았다. 게다가 임금이 줄어든 기간에 세 공장을 통틀어 모두 13명의 직원이 이직을 단행했는데, 그중 12명이 B공장의 직원이었다. 임금 인하라는 똑같은 상황에서도 작은 변명의 차이가 이렇게 엄청난 결과를 가져온 것이다.

이를 통해 결국 사람은 이성보다는 감정, 즉 '마음'으로 움직이는 동물이라는 사실을 알 수 있다. 따라서 상대방의 마음을 소중하게

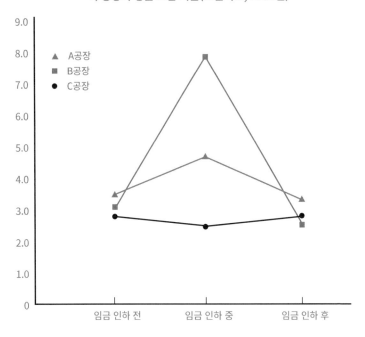

각 공장의 평균 도난 비율(그린버그, 1990년)

생각하고 움직일 수 있다면, 어려운 상황에 처한다 하더라도 얼마든지 빠져나갈 수 있지 않을까. 그러나 상대방의 마음을 함부로 생각한다면 오히려 예기치 못한 결과만 돌아올 것이다.

이성보다 감정에 호소하라

이성보다 감정에 호소하라는 말은 예전에 히틀러도 한 적이 있다.

히틀러는 선전(宣傳)이나 설득에 관심이 많았는데, "대중을 조종하고 싶으면 가능한 한 쉬운 말로 호소하라." "대중을 움직이려면 자신이 하고 싶은 말을 끊임없이 반복하라." "대중을 조종하고 싶으면 중요한 요점을 간추려서 전달하라."라는 말 이외에도, "논리보다 감정에 호소하여 대중을 뒤흔들어라."라고도 했다.

히틀러는 "유럽 국가들을 식민지로 삼으면 엄청난 이익을 올릴 수 있고, 그 결과 노동자를 포함한 모든 국민들이 호의호식하며 살 수 있다."라는 이론적인 문구를 사용해서 대중을 설득하려고 한 적이 한 번도 없었다. 오히려 제1차 세계대전 이후에 체결된 베르사유조약이 너무 부당하다는 것, 그 조약은 독일 국민들을 완전히 모욕했다는 것, 예전의 땅을 되찾아서 모욕을 씻고 그들에게 복수해야 한다는 말로 대중의 감정을 사로잡았다.

또 한 가지 흥미로운 사례가 있다. 1988년 미국의 대통령 선거에서 부시와 듀카키스는 사형제도에 대해 TV토론을 했다. 사형제도를 옹호하는 부시는 사형제도를 반대하는 듀카키스에게 다음과 같은 질문을 던져서 기선을 제압했다. 당신이라면 부시와 듀카키스 가운데 누구에게 표를 던질 것인가? 곰곰이 생각하면서 읽어보기 바란다.

부시 만약에 당신의 사랑하는 아내 키티가 난폭하게 성폭행을 당한 끝에 살해됐다면, 그래도 그 범인의 사형에 반대할 것인가?

듀카키스 그래도 사형을 반대한다. 사형이 범죄를 억제한다는 증거는 어디에도 없다. 그리고 범인을 사형에 처한다고 해서 키티가 살아

돌아오겠는가.

결과는 듀카키스의 참패였다. 사형에 찬성하느냐 반대하느냐에 상관없이, 시청자들은 듀카키스의 이성적인 이론에 반감을 느낀 것이다. 듀카키스의 이론은 너무도 이성적이다. 어떠한 감정도 들어 있지 않다. 듀카키스의 태도는 사형제도에 반대하는 민주당에서조차 비판의 대상이었다. 결국 사람의 마음을 강하게 움직이는 것은 이성이 아니라 감정이다.

1988년 미국 대통령 선거의 유력한 후보자였던 공화당의 조지 부시와 민주당의 마이클 듀카키스. 결국 이 선거에서 부시가 듀카키스에게 압승을 거두어 미국의 제41대 대통령이 되었다.

이미지가 마음을 움직인다

사람들은 상품만을 사는 것이 아니다

이번에는 다른 시각에서 마음의 중요성을 들여다보자.

요즘 경기가 나빠지면서 소비심리가 위축되었다고들 한다. 그러나 모든 상품이 다 안 팔리는 것은 아니다. 이런 상황에서도 날개 돋친 듯이 팔리는 물건들은 얼마든지 있다. 내가 심리학자여서가 아니라 앞으로는 제품 자체의 장점뿐 아니라, 그 제품이 소비자의 심층심리에 잠들어 있는 욕망을 자극할 수 있느냐 없느냐에 따라 판매 결과가 달라질 것이라고 생각한다. 표층심리에 있는 욕구가 아니라, 자신도 깨닫지 못하는 심층심리에 있는 욕구를 어떻게 자극하느냐가 중요하다는 뜻이다. 즉 '상품의 이미지'가 그 상품의 생명을 좌우한다.

이제 사람들은 상품 자체만을 사지 않는다. 그 상품이 가지고 있는 이미지를 함께 산다. 따라서 이미지, 다시 말해 개인적인 생각이나 믿음을 교묘하게 이용해서 파는 것이 성공의 비결이다. 앞으로는 이미지의 중요성이 더욱 커질 것이다.

이미지를 소비하는 시대

인쇄광고나 TV광고, 모터쇼도 마찬가지이지만, 자동차 광고를 보면 자동차 옆에 아름다운 여자가 서 있는 장면을 많이 볼 수 있다. '대체 자동차와 아름다운 여자 사이에 무슨 관계가 있을까?'라고 생각해본 적이 있는가? 늘 보았던 장면이 뇌리에 새겨져 있기 때문에 전혀 이상하게 여기지 않았을 것이다. 그러나 그런 장면을 볼 때마다 당신은 무의식중에 다음과 같은 메시지를 떠올린다.

"저렇게 아름다운 여자가 탈 정도로 멋진 자동차다."

"나에게 저런 자동차가 있다면, 저 아름다운 여자를 내 것으로 만들 수 있을 텐데."

자신은 그렇게 어리석지 않다고 반론하는 사람도 있을지 모른다. 그러나 정도의 차이만 있을 뿐 우리 뇌에서는 이미 그런 식으로 정보가 처리되고 있다. 그렇지 않다면 왜 비싼 돈을 들이면서까지 미녀 모델을 쓰겠는가! 한 가지 재미있는 점은, 이런 메시지는 '말'로 전달되는 것이 아니라 뇌의 메커니즘으로 이루어진다는 것이다. 즉 사람들이 멋대로 그렇게 생각한다는 말이다.

이번에는 조금 뜻밖의 사례를 들어보겠다.

당신은 일본에서 가장 따뜻한 지방인 오키나와에 고타쓰(탁자 밑에 전기난로가 달린 일본의 난방 시설)가 있다는 사실을 알고 있는가? 게이오 대학 명예교수인 우노 요시야스에 따르면, 약 90퍼센트 정도의 오키나와 가정에 고타쓰가 보급되어 있다고 한다.

필요하지도 않은 고타쓰를 무엇 때문에 대부분의 가정에서 구입한 것일까? 그것은 바로 이미지 때문이다. 결론부터 말하자면, 따뜻한 남쪽 지방에 고타쓰를 보급시킨 장본인은 TV라고 해도 과언이 아니다. TV 드라마에 나오는 행복하고 즐거운 가정에는 반드시 고타쓰가 있기 때문이다. 다시 말해 오키나와 사람들에게는 고타쓰가 아니라 고타쓰와 하나로 이어져 있는 따뜻한 가정이 필요했던 것이다. 이것이 바로 이미지에 따른 전략이라고 할 수 있다. 만약에 당신이 전자제품 대리점을 경영하고 있는데, 오키나와는 겨울에도 따뜻하기 때문에 고타쓰가 팔리지 않을 것이라고 생각한다면 물건을 팔 기회를 놓칠 수밖에 없다. 물건을 사느냐 사지 않느냐를 결정하는 것은 당신의 뇌가 아니라 고객의 뇌이다. 당신은 기온이나 생활환경에 따라서 물건이 팔린다, 팔리지 않는다를 판단할지 모르지만 고객은 이미지로 구매 여부를 판단한다는 사실을 잊어서는 안 된다. 물건을 팔려면 고객의 심리를 살펴야 실패하지 않는다.

고급 브랜드의 대명사인 '에르메스'는 원래 마구(馬具)를 만드는 곳으로, 프랑스의 왕족과 귀족들만을 위한 마구를 만들었다. 자연스럽게 사람들은 왕족과 귀족들이 에르메스 마구를 달고 다니는 것을 보게 되었다. 그처럼 좋은 선전이 어디 있겠는가. 어느 순간 사람들 사이에서는 '에르메스는 고급품'이라는 이미지가 만들어졌다.

아무리 고급품이더라도 함부로 놓여 있거나 포장이 조잡하다면, 당신은 그 물건을 사겠는가? 아마 사지 않을 것이다. 그렇다면 왜 사지 않을까? 이런 질문을 스스로에게 해보면 다음과 같은 대답이 나올 것이다.

"이 제품은 내가 생각하는 고급품의 이미지와 전혀 다르기 때문이야."

최고급 다이아몬드를 길거리에서 판다면, 과연 사람들이 그 다이아몬드를 구입할까? 장사꾼이 잘 설득한다고 해도, 품질보증서가 있다고 해도, 구입하지 않을 것이다. 이것이야말로 사람들이 이미지를 보고 물건을 구입한다는 좋은 증거다.

내가 가본 한국의 한 호텔에서는 외국인들을 위해 전통적인 한지 창문을 만들어놓았다. 이것 역시 외국인들이 한국에 대해서 가지고 있는 이미지를 만족시키기 위한 작전이라고 할 수 있다. 요즘 한국에는 한지 창문이 사라진 지 오래다. 그러나 외국인들의 머리에는 '한국'이라고 하면 전통적인 한지 창문이 떠오른다. 그런 이미지를 가진 사람들에게 '지금의 한국은 서양과 별로 다르지 않다. 있는 그대로의 한국을 봐달라'고 주장하는 것이 무슨 의미가 있겠는가. 만약 그렇게 주장하면 오히려 이미지가 나빠지고 외국인들은 실망의 빛을 감추지 못할 것이다. 가장 좋은 전략은 상대방의 이미지를 존중하면서, 그 이미지에 맞는 상품을 준비하는 것이다.

이미지에 대한 예는 이것만이 아니다.

합성세제는 처음 시판되었을 때, 주부들의 마음을 조금도 사로잡지 못했다. 합성세제를 사용하면 빨랫비누를 사용할 때보다 훨씬 더 때가 잘 빠진다고, 지긋지긋할 정도로 광고했지만, 그래도 팔리지 않았다. 도대체 무엇 때문일까?

주부들을 대상으로 조사해보니 큰 불만이 하나 있었다. 합성세제는 거품이 제대로 나지 않는다는 것이다. 그게 도대체 무슨 말도 안 되는 이유냐고 생각할 수도 있지만, 주부들은 거품이 나지 않는다는 점을 매우 불만스럽게 생각했다. 주부들의 머릿속에는 '거품이 나지 않으면 때가 잘 빠지지 않는다'는 이미지가 있었던 것이다. 그래서 합성세제를 만드는 회사에서는 일부러 거품을 내는 성분을 첨가하기로 결정했다. 합성세제는 비누와 달라서, 거품을 내는 포말제(泡沫劑)가 전혀 필요 없다. 오히려 세탁기 내부와 세탁물에 거품이 달라붙기 때문에 물만 많이 필요하고 거추장스러울 뿐이다. 그러나 때를 빼는 데에는 아무런 효과가 없는 포말제를 첨가함으로써 주부들의 열화와 같은 성원을 받을 수 있었다.

여기에서도 주부들이 '합성세제로 세탁하면 깨끗해진다'는 장점을 지닌 제품 자체보다는, '왠지 깨끗해진 것 같다'는 이미지를 샀다는 사실을 알 수 있다.

또한 유럽에서는 '전통 있는……' '○○왕실에 납품한……'이라는 광고 문구가 붙어 있는 제품을 흔히 볼 수 있다. 유럽의 경우 대부분의 물건들이 오랜 전통을 가지고 있으며, 오히려 전통이 없는 물건을 찾기 힘들다. 왕실이나 귀족들도 빗자루로 쓸어버릴 만큼 엄청나게 많다. 그러나 사람들은 이런 생각을 하기보다는 어떤 그림에서 본 듯한 중세 유럽 귀족의 이미지, 즉 아름다운 성과 호화스러운 식당, 보석이 빼곡히 박힌 조리용품과 식기, 사치스러운 의상을 입은 귀족들이 우아하게 식사하는 모습을 떠올리며 그 이미지를 산다. 이미지는 제품뿐 아니라 사람에게도 적용된다. 사회생활을 하는 데에 상대방의 눈에 자신이 어떻게 보이느냐 하는 문제는 대단히 중요하다. 예전에 크라이슬러의 회장이었던 아이아코카는 "모든 것은 이미지로 통한다. 대통령도 그렇고 자동차도 그렇고 모두 이미지가 중요하다."라고 강조했다. 또한 심리학자인 그루시(J. E. Grush)의 조사에 따르면 대통령 선거에서는 매스미디어에 돈을 뿌리는 후보자가 반드시 승리를 거둔다고 한다.

예전에 레이건 대통령에게 "배우 출신인 당신이 대통령직을 잘 해낼 수 있을까요?"라고 약간 비꼬는 듯한 말투로 묻는 기자가 있었다. 이 말에 레이건 대통령은 "배우 출신이기 때문에 잘 해낼 수 있는 거지요."라고 웃으면서 대답했다고 한다.

우리는 상품을 팔 때는 물론 사람을 대할 때도 모두 심리를 생각해야 하는 시대에 살고 있다.

삶은 마음과 마음의 싸움

사람의 마음을 사로잡는 무기

제1차 세계대전 당시, 독일은 적을 우스꽝스럽게 만드는 전쟁 선전을 주로 하였다. 병사들의 사기를 높이기 위해 '적군은 조금도 무섭지 않다.' '적은 약해빠져서 얼마든지 쓰러뜨릴 수 있다.'라고도 선전했다.

그러나 전쟁터에서 두려움을 느끼지 않는 사람이 얼마나 되겠는가. 실제로 독일 병사들은 적을 만나면 기절할 정도로 온몸으로 두려움을 느꼈다고 한다. 그러면서 병사들은 이럴 리가 없다고 탄식할 뿐만 아니라, 오히려 국가의 우스꽝스러운 선전에 속았다는 배신감을 느꼈다. 상황이 이렇게 되자 병사들의 사기가 높아지기는커녕 조직을 유지할 수조차 없게 되었다. 결국 나가서 싸워야 할 병사들이 의욕을 잃어버려 인적 무기로 사용할 수 없게 된 것이다.

그에 비해서 영국과 미국의 전쟁 선전은 심리학적으로 볼 때 매우 적절했다. 그들은 철저하리만큼 독일인을 야만인으로 규정했다. 또 전쟁의 공포를 미리 각오하게 만들었다. 적어도 영국이나 미국 병사들은 국가에게 배신당했다는 생각은 하지 않았다. 그리고 독일 병사들이 악랄한 수법을 사용하면 사용할수록, 오히려 자기 나라에 대한 신뢰가 쌓여갔다. 따라서 영국과 미국의 병사들은 국가에 대한 신뢰가 더 강해졌을 뿐만 아니라 비도덕적인 독일군에 대한 분노의 감정이 고조되었다.

　또한 영국은 다음과 같은 사실을 알고 있었다.

　'선전이라는 무기를 다량으로 사용하기 위해서는 엄청난 자본이 필요하다. 그러나 그 효과는 전쟁비용을 충분히 보상하고도 남는다.'

　영국은 최고급 무기로 선전을 이용하기 위해 특별 부서를 설치하고, 그곳에서 주도면밀한 작업을 진행했다. 그에 비해 독일은 선전을 할 일 없는 정치가들이 입에 풀칠을 하기 위한 마지막 밥벌이 수단 정도로 가볍게 보았다. 한마디로 독일은 선전을 너무 우습게 여긴 것이다. 히틀러는 제1차 세계대전에서 독일의 가장 큰 패인이 여기에 있다고 생각하고, 이후 '선전부'를 별도로 만들어서 선전에 모든 힘을 쏟아부었다고 한다.

　이번에는 제2차 세계대전으로 가보자.

　제2차 세계대전 당시 일본의 전쟁 선전은 주로 참모본부가 담당했고 내각정보국에서 주관했다. 여기에서는 주로 대본영의 발표나 라디오 전파를 이용한 대외선전 그리고 외무관에게 연락하는 일을 맡았다.

그러나 가장 중요한 역할은 역시 선전의 뼈대를 이루는, 전쟁의 목적을 만천하에 호소하는 일이라고 할 수 있다. 이에 실패하면 기선을 제압당하고 전쟁에서 승리할 수 없기 때문이다. 미국은 '진주만을 기억하라(1941년 12월 7일 일본 해군이 진주만을 기습 공격한 사건)'는 슬로건 아래 참전했지만, 일본은 전쟁의 목적을 강조하지 않은 것 같다. 아마 모든 사람들이 식민지를 얻기 위해 전쟁을 한다는 사실을 어렴풋이 알고 있었기 때문이리라. 만약 그런 목적을 선전했다면 나르시시즘적인 만족을 얻을 수 있었을지는 모르지만 국제적인 지지는 얻을 수 없었을 것이다. 일본이 중국을 침략하려는 것은 분명했기에, 국제사회의 여론을 생각할 때 일본은 전쟁을 시작하기 전부터 심리적으로 밀린 상태였다.

선전 내용은 각국의 사정에 따라서 조금씩 바꿀 필요가 있었다. 그래서 일본은 대외선전을 만들 때 몹시 신중하게 행동했다. 내각정보국에서는 어느 때는 문헌이나 사진을 수집해서 연구하고, 또 어느 때는 그 나라에 장기체류 해온 사람들의 의견을 들었다고 한다. 상대 국가의 정치와 경제, 종교는 물론이고 군대의 구성과 민족의 구성, 복장에 대한 예비지식을 갖지 않으면 심금을 울리는 선전은 불가능하기 때문이다.

이런 이유로 인해 내각정보국에서는 일본에 있는 외국인에게 그 나라의 사정을 철저하게 알아내어 선전에 이용하곤 했다. 예를 들어 남방계 국가에는 민족의 독립과 자유를 호소하고, 중국에서는 구미 제일주의를 비판하며, 인도에서는 반영(反英) 기운을 자극하는 식이었다. 이처럼 국가에 따라서 선전 내용을 바꾼 것은 심리학적으로 뛰어난 작전이라고 할 수 있다.

당시 일본의 선전 전단지를 보면 노골적으로 적을 비난하는 일은 그다지 많지 않았다. 다시 말해 '영국이나 미국은 이런 것을 잘못했다'고 직접적으로 전달하지 않고, 스스로 생각하게 만드는 방식을 취했던 것이다.

인도인을 향한 선전에서는 '언제까지 영국의 노예로 있을 것인가!'라고 호소해서 자신들의 처지를 생각하게 만들었다. 또 말레이시아 사람들에게는 '이슬람의 진정한 적은 누구인가?'라는 완곡한 표현을 사용했다.

이와 같이 스스로 생각하게 만듦으로써 사고방식을 바꾸는 방법을 심리학에서는 '자기 설득'이라고 한다. 한번 생각을 바꾼 사람은 웬만한 일로는 사고방식을 다시 바꾸지 않는 설득법이다. 설득당한 사람이 누군가에게 조종당했다는 사실을 모른 채, 스스로 그렇게 생각을 바꾸었다고 착각하기 때문이다.

자기 설득과 함께 일본군은 상대방의 상상을 부추기는 교묘한 선전 방법을 사용했다. 예를 들어 "당신들은 미국 병사들보다 훨씬 위험한 전선에 투입되고 있지 않은가?"라는 내용의 전단지를 최전선에 있는 호주 병사들에게 뿌리자 바로 효과가 나타났다. 호주 병사들은 자신들이 지금 가장 위험한 전선에 투입된 거라고 생각하게 되었다. 거기다가 그런 생각이 최전선이 아닌 다른 지역의 병사들에게까지 전달되자 군기는 흐트러지고 전의도 상실되고 말았다.

또한 뉴기니 전선에 있는 미국군 뉴기니 병사들에게는 '어둠 속에서 장교를 죽이려면 이런 방법이 좋다'든지, '이런 방법을 사용하면 독이 든 우유로 장교를 죽일 수 있다'는 내용의 전단지를 뿌렸다고 한다.

언뜻 보면 이것은 이치에 맞지 않는 선전처럼 보일지도 모른다. 일본의 공격을 막아주는 미국 병사들에게 현지 사람들이 적대적인 감정을 갖고 있다고 선전하는 것이 이해가 안 될 수도 있다. 그러나 일본은 뉴기니 사람들이 미국 병사를 증오하여 틈만 있으면 살해하려고 음모를 꾸미고 있다고 선전했다.

효과는 뛰어났다. 뉴기니 사람들이 아무리 미국 병사들을 우호적으로 대해도, 이 전단지를 본 장교들은 온몸의 신경이 고슴도치처럼 날카로워질 수밖에 없었다. 그들은 밤에 혼자 돌아다니지도 못했고, 우유도 마음 놓고 먹을 수 없었다. 실제로 뉴기니 사람들이 미군 장교를 살해한 적은 없었다. 그러나 미군 장교들은 불안감에 시달렸다고 한다. 상대방의 불안을 부추긴다는 점에서 보면 훌륭한 선전이다.

일본은 선전 전단지뿐 아니라 라디오 방송도 대외선전으로 이용했다. 그 이름은 바로 〈제로 아워〉(zero hour, 돌격 시간이라는 뜻). 방송 테이프는 전쟁이 끝나자마자 모두 연합군에게 압수되어 자세한 내용까지는 확실하게 알 수 없지만, 여기에서는 방송에서 사용한 선전 내용만 간단히 소개하겠다.

1. 백인보다 흑인을 더 위험한 전쟁터로 보내고 있지 않은가?
2. 유대인은 이 전쟁을 돈을 벌 수 있는 최고의 기회라고 생각한다.
3. 아시아를 침략하는 것은 평화사상과 먼로주의에 위반되지 않는가?

4. 미국은 소련과 동맹을 체결했는데, 이번 전쟁에서 가장 이익을 얻는 것은 소련이 아닌가?

그밖에도 〈제로 아워〉에서는 맥주를 마시는 소리나 포크, 나이프가 접시와 부딪치는 소리를 들려줌으로써 사람들의 마음에 전쟁에 대한 염증을 심어주려고 했다. 또 전쟁터에 어울리지 않은 밝은 음악을 틀어주면서 긴장감을 없애려고도 했다. 이런 심리전은 일반적인 상황에서 생각하면 별다른 효과가 없을 것 같지만, 전시라는 특수한 상황을 고려하면 좀 다르다. 물론 이런 선전의 잔기교만으로는 전쟁의 승패를 뒤집을 수 없다. 결국 일본은 전쟁에서 패배했다.

심리전에서는 이렇게 적국 병사들의 사기를 꺾거나 전쟁에 염증을 느끼도록 기분을 부추기는 방법도 중요하다. 그러나 거시적인 시점에서 보면 현대 전투에서는 심리를 조작하는 것이 더 중요하지 않을까. 미국은 전쟁의 목적을 자국의 이익이 아닌 세계평화를 위해서라고 선전하면서 국제여론을 자신에게 유리한 방향으로 만들어놓았다. 국제여론은 심리와 관련된 문제다. 일본은 심리 싸움에서 미국에게 졌고, 승부는 이미 여기서 결정된 것이다.

위기에서 벗어나려면

'FL(Food Lion)'은 미국에서 급성장을 기록한 슈퍼마켓 체인점이다. 그러나 1992년 〈프라임 타임 라이브〉(ABC의 보도 프로그램)에서 FL

이 오래된 고기를 새 고기로 둔갑시켜 판매했다고 보도하자, 순식간에 매스컴의 집중적인 공격을 받았다. FL이 오래된 고기를 팔기 위해 바비큐 소스를 사용하고, 나쁜 고기의 품질이 좋아 보이게 하기 위해 표백제를 사용했으며 유통기간을 변조했다는 것이다.

식료품 업계는 상품에 대한 신뢰도가 가장 중요하기 때문에, 이런 소식은 FL에 치명적인 영향을 주어 방송이 나간 직후부터 매출이 급격하게 떨어졌다. 그러자 FL은 다음과 같은 작전을 펼쳤다.

1. 부정

FL의 최고책임자인 스미스는 매스컴에 대항하여 '말도 안 되는 거짓말을 즉시 그만두라'는 성명을 발표했다.

2. 방송 프로그램에 대한 반격

스미스는 또한 "〈프라임 타임 라이브〉의 보도에는 전혀 근거가 없다. 왜냐하면 그 프로그램은 노동조합의 편이기 때문이다."라고 주장했다.

3. 광고

"우리에게 문제가 있을 가능성이 존재하기는 하지만, FL의 방침이나 절차가 잘못된 것은 아니다."라는 TV광고를 방영했다.

4. 공격은 최대의 방어

스미스는 6,000여 명의 직원들에게 방송 프로그램의 비디오테이프를 나누어주어서 가족이나 친구와 함께 보게 했으며, 다른 한편으로는 파티를 열어 FL의 식품을 먹도록 권장했다. 문제를 숨기면 사람들은 오히려 '정말 무슨 문제가 있는 게 아닐까?' 생각한다. 이런 의구심을 막으려는 전략이다.

이 전략은 놀라운 효과를 거두었다. 전략이 진행되는 동안 FL의 매출은 착실한 회복세를 보였다. 4번 이외에는 모두 변명에 불과했지만 말을 무기로 삼은 심리 전략을 잘 구사함으로써 FL은 파멸의 위기에서 멋지게 탈출했다.

그러나 변명 전략이 실패함으로써 돌이킬 수 없는 큰 상처를 입은 기업도 있다. 미국의 햄버거 체인점 '잭인더박스'가 그런 경우다. 박테리아에 감염된 잭인더박스의 햄버거를 먹은 어린아이가 사망하고, 400명이 넘는 식중독 환자가 발생하는 사건이 일어났다. 그 당시 잭인더박스의 경영자는 사죄는커녕 "걱정할 필요 없다."라는 일방적인 변명만을 되풀이했다. 그리고 모든 책임을 고기를 납품한 업자에게 전가하려고 발버둥 쳤지만, 결국 주(州)의 위생기준을 위반했다는 사실을 인정할 수밖에 없었다.

잘못된 초기 대응으로 소비자의 신뢰를 잃어버렸기 때문에 결국 매출이 급격하게 감소했을 뿐 아니라 파멸의 길을 걷게 되었다.

사람의 마음이 가장 중요하다

지금까지 여러 가지 예를 들었지만, 여기에서 하고 싶은 말은 한 가지뿐이다. 모든 경쟁은 심리의 싸움이고 앞으로는 이성보다 마음이 더 중요하다는 것이다. 원시시대에는 무기를 들고 육체의 모든 힘을 짜내어 적과 싸우면 됐다. 그러나 그런 시대는 이미 끝난 지 오래다. 앞으로는 심리적인 무기를 들고, 두뇌의 모든 힘을 짜내어 적과 싸워야 한다.

물론 여기서의 '적'이나 '싸움'은 하나의 비유에 지나지 않는다. 실제로 우리는 경쟁 속에 살고 있다. 기업끼리 시장점유율을 다툰다거나, 남녀 간에 사랑의 줄다리기를 하는 일은 늘 일어난다. 세일즈맨이 고객을 확보하기 위해 상대방을 설득하거나, 부하직원이 자신의 요구를 관철하기 위해 상사를 설득하기도 한다. 집에서는 아내와 남편 사이에 팽팽한 신경전이 벌어지기도 하고, 때로는 자신의 목적을 이루기 위해 목소리를 높이기도 하며, 칭얼거리는 아이를 달래기 위해 화를 내는 경우도 있다. 시끄러운 소음을 줄여달라고 이웃집에게 건의할 수도 있고, 사기꾼이나 악덕 장사꾼으로부터 자신을 지키기 위해 몸을 웅크려야 할지도 모른다.

그렇다. 이런 상황은 모두 마음과 마음의 싸움이다. 칼이나 강인한 몸으로 싸우는 것이 아니라 머리와 온몸의 신경을 날카롭게 세워 싸우는 것이다.

이런 경쟁이나 기싸움에서 승리하면 상대방을 마음대로 조종할 수 있고, 상대방의 사랑을 받거나 원만한 인간관계를 얻을 수 있다. 그러나 패배하면 자신의 요구가 계속 밀리거나 인간관계에 금이 가는 등 실질적인 피해를 입는다. 기업의 경우, 경쟁에서 승리하면 막대한 이익이 돌아오지만 패배하면 치명적인 손실을 입을 수밖에 없다.

마음은 일반적으로 다른 것에 비해 자꾸 뒤로 밀리는 경향이 있다. 여하튼 지금까지는 그랬다. 전쟁에서 중요한 것은 무기이고 병력이며 국력이라고 생각하고, 대중의 심리는 그다음에나 가까스로 고개를 내밀곤 했다. 이것은 비즈니스에서도 마찬가지였다. 중요한 것은 정보력이고 자금력이며, 인품이나 따뜻함이 배어 있는 말투는 이차적인 문제라고 생각했다. 그러나 과연 현실에서도 그럴까.

결론은 이 책을 끝까지 읽은 다음에 내리기로 하고, 일단 기존의 사고방식에서 벗어나는 것부터 시작하자.

여기에서 가장 중요한 것은 사람의 마음이다. 따라서 철저하게 사람의 마음에 초점을 맞추어 생각해야 한다. 그런 다음에 설명할 수 없는 부분이 나타나면, 그때 비로소 다음 요소를 생각하면 되지 않을까. 다행히도 당신 주위에 있는 사람들은 이 책을 읽고 있는 당신만큼 심리학의 중요성을 깨닫지 못하고 있다. 마음이 중요하다는 것과 심리학에 눈을 돌린 것만으로, 당신은 주위 사람들보다 백 걸음 아니, 천 걸음 정도는 앞서 나가고 있는 것이다.

2

마음을 이용당하지 않기 위하여

거절할 자유를 빼앗기고 마는 심리

작은 부탁에서 큰 부탁으로

자동차 전시장이나 신차 발표회에 갔을 때, 한번 타보지 않겠느냐는 판매원이나 안내원의 끈질긴 권유를 받아본 적 없는가? 그냥 둘러보기만 할 거라고 정중하게 거절해도 "그렇게 말씀하시지 말고 한번 앞자리에 앉아보세요." 하고 민망할 정도로 매달린다.

혹시 이런 경험은 없는가? 특별히 무엇을 사려는 마음은 없고, 그냥 어슬렁거리면서 아이쇼핑을 즐길 때가 있다. 보다 보니 괜찮은 느낌의 코트가 눈에 들어와 잠시 멈추어 선다. 그러면 재빨리 판매원이 다가와서, 한번 입어보라고 권한다. 구입할 생각이 손톱만큼도 없기 때문에 입어볼 마음도 전혀 없다. 그런데도 "사지 않아도 괜찮아요. 잘 어울릴 것 같은데." 하면서 끈질기게 권한다.

이럴 때는 귀찮다는 생각과 함께 솔직히 그냥 좀 내버려두라고 소리치고 싶은 심정일 것이다. 그리고 다음에는 이렇게 생각할지도 모른다. '정말 장사를 열심히 하는군.' '손님이 없어서 한가해서 그런가?' '하루에 팔아야 할 할당량이 정해져 있는 걸까?'

그러나 '입어보는 데 돈 드나……' 생각하는 순간, 당신의 미래는 결정된다. 그렇게 생각하면서 한번 타보거나 한번 입어보고 '처음에는 살 마음이 전혀 없었는데 어느 순간 그냥 사버린' 경험이 누구나 있을 것이다. 그렇다. 마치 갑자기 마법에 걸린 것처럼 말이다.

물건을 구입한 다음에는 자신의 어이없는 행동에 한숨만 쉴지도 모르고, 충동구매를 후회하고 있을지도 모르고, 품질도 좋고 가격도 적당하다며 이런저런 이유를 붙이며 스스로를 납득시키고 위로하고 있을지도 모른다. 그러나 중요한 것은 어느 쪽이든 당신은 이미 물건을 구입했고, 판매원에게 당했다는 사실이다.

일단 판매원이 한번 해보라고 끈질기게 권하는 것은 단지 장사에 열정적이거나 한가하거나 가혹한 할당량에 시달리기 때문이 아니라는 사실을 명심하자. 그들은 확실한 효과를 발휘하는 다음과 같은 심리적인 법칙을 실천했을 뿐이다. 그것이 바로 마법의 정체다.

사람들은 상대방의 첫 번째 부탁에는 자유롭다. 그 부탁은 거절할 수도 있고 받아들일 수도 있으며 보류할 수도 있다. 한마디로 말해서 어떤 선택도 할 수 있다는 것이다. 그러나 그 부탁을 받아들이면 그것으로 끝이다. 두 번째 부탁부터는 거절할 자유를 빼앗겨버린다. 그것은 첫 번째 부탁에 구속되기 때문이다. 첫 번째 부탁을 받아들인 순간 당신은 두 번째 부탁을 거절하기 어렵게 되고, 그 강제력 앞에 굴복하고 만다. 강제력은 실로 교묘하게 당신의 마음속에 잠입해서 자유를 빼앗는다.

그러면 다른 예를 살펴보기로 하자.

"수해를 당한 사람들을 위해 서명을 부탁드립니다!"

길거리를 돌아다니다 보면 서명을 부탁하는 사람들이 무척 많다. 이런 경우 일반적으로 일단 상대방의 이름과 주소를 쓰게 하고, 서명이 끝남과 동시에 "얼마라도 좋으니까 피해자들을 위해 성금에 동참해주시기 바랍니다."라고 권한다. 일단 서명한 사람은 성금을 내지 않을 수 없다. 자신이 가진 모든 용기를 총동원해서 성금을 내지 않았다고 해도, 마음은 꺼림칙한 죄책감으로 가득 찬다.

무엇 때문일까? 일단 서명했다는 사실이 사람을 구속하기 때문이다. 서명은 해도 성금은 내고 싶지 않은 것이 사람들의 솔직한 마음일 것이다. 그러나 일단 서명한 사람은 그런 속마음을 솔직하게 말할 수 없다. 이미 어려운 사람들을 위해 협조하겠다고 공개적으로 맹세한 것이나 다름없기 때문이다.

인간은 누구나 일관성 있는 사람으로 보이고 싶어 한다. 바꿔 말하면 '말과 행동이 다르다'든지 '방침이 없다'든지 '대충대충 살아가는 사람'으로 평가받고 싶지는 않다는 뜻이다. 그래서 일단 서명했다면 결국 '피해자에게 협조하기로 서명해놓고 성금을 낼 수 없다는 거야? 너는 원래 그렇게 쩨쩨하고 몰인정한 사람이니?' 하는 마음의 목소리에 무릎을 꿇고 마는 것이다.

이번에는 조금 다른 각도에서 살펴보기로 하자.

미국의 사회심리학자인 에리히 프롬(E. Fromm)은 《인간의 마음》이라는 책에서 재미있는 예를 들었다. 이 이야기에 등장하는 남자는 어느 시점에서 자신의 자유를 잃어버린 것일까? 그 점을 생각하면서 읽어보기 바란다.

서로 깊이 사랑하는 두 사람이 있다. 두 사람은 결혼을 굳게 맹세했지만 남자의 부모가 결혼을 반대했다. 그러나 남자는 결심이 워낙 굳건해서 부모의 말에는 귀도 기울이지 않았다. 그러자 남자의 부모는 한 가지 제안을 했다.

"여섯 달 동안 유럽을 여행하면서 견문을 넓히고 온다면 그다음에는 그 여자와 결혼해도 좋다."

남자는 그 정도쯤은 아무것도 아니라고 생각했다. 여행에서 돌아온다고 해도 연인에 대한 사랑은 변함없을 것이기 때문이다. 또 부모의 말처럼 여행은 자신에게도 좋은 공부가 아닌가. 남자는 부모의 제안을 순순히 받아들였다.

그러나 현실은 남자의 생각대로 되지 않았다. 여행지에서 수많은 여자들을 만나면서 연인에 대한 사랑도, 결혼에 대한 결심도 점점 약해졌다. 결국 남자는 귀국을 며칠 앞두고 연인에게 약혼을 파기하자는 편지를 쓴다.

이 남자는 언제 연인과 헤어질 결심을 한 것일까. 물론 본인은 마지막으로 편지를 쓴 날이라고 생각하겠지만, 천만의 말씀이다. 실은 유럽 여행을 가라는 부모님의 권유를 받아들인 그 시점에 이미 그의 마음은 흔들린 것이다. 이것은 부모의 교묘한 계략인데, 유럽 여행을 가라고 권유한 것은 당분간 연인과 만나지 말라는 말과 같다. 즉, 남자는 부모의 첫 번째 권유를 받아들인 시점에서 이미 자신의 결혼 결심을 바꾼 것이다. 물론 여행지에서 수많은 여자들을 만난 것도 사실이지만, 그것이 약혼을 파기한 직접적인 이유는 될 수 없다.

다시 한 번 강조하지만, 상대방의 첫 번째 부탁을 거절할지 승낙할지는 자유롭게 결정할 수 있다. 그러나 그 자유는 부탁이 거듭될 때마다 점점 줄어들어 결국은 사라지고 만다.

일반적으로 사람들이 최종 결정을 내리는 것은 이미 선택의 자유를 잃어버린 다음이다. 즉 최초의 결정이 계기이며 그 이후의 행동은 방향성에 따라서 결정된다. 물론 어느 정도 방향성만 정해져 있을 뿐, 완전히 운명이 결정된 것은 아니다. 그러나 분명한 점은 첫 번째 부탁에 비해 그다음 부탁은 거절하기가 훨씬 어렵다는 것이다. 이런 식으로 최초의 승낙이 사람의 마음을 구속하는 현상을 심리학에서는 '커미트먼트(commitment, 관계)'라고 한다. 그리고 이런 심리를 설득에 응용한 것이 '풋 인 더 도어 테크닉(foot in the door technique, 한쪽 발을 밀어 넣어 문을 못 닫게 하면 상품을 판 것이나 다름없다는 뜻)'이다.

'문전 걸치기'나 '단계적 요구법'이라고 번역되는 풋 인 더 도어 테크닉은 그 용어만 보면 왠지 어려운 느낌을 주는데, 그렇게 어려운 것이 아니다. 간단하게 말하면 '상대방이 어떤 일을 받아들이게 하려면 일단 부담 없는 부탁으로 시작해서 서서히 큰 부탁으로 나아가라'는 것이다.

스팀프슨(D. V. Stimpson)이라는 심리학자는 이런 실험을 했다. 그는 일단 여대생들에게 간단한 부탁을 했다. 환경문제에 관한 열 가지 질문에 대답해달라고 말이다. 물론 열 가지 질문에 대답하는 것은 아주 쉬운 일이라서 대부분의 여대생이 응해주었다. 그리고 나

흘 뒤, 스팀프슨은 이번에는 한 단계 어려운 부탁을 했다. 대학에서 멀리 떨어진 장소로 가서 나무를 심어달라는 것이다. 실은 이것이 본래의 목적이었다. 누구에게나 그렇겠지만, 꽤 귀찮은 부탁이다. 그러나 환경문제에 관한 질문에 대답한 여대생은 그렇지 않은 여대생에 비해 부탁을 들어준 비율이 훨씬 높았다고 한다.

이와 비슷한 실험을 플리너(P. Pliner)라는 심리학자도 한 적이 있다. 그는 토론토의 주민들에게 암협회에서 만든 배지를 달아줄 수 있느냐고 부탁했다. 주민들 대부분은 배지를 다는 것쯤은 대단한 일이 아니라고 생각해서 쉽게 받아들였다. 그러나 그의 부탁은 거기에서 그치지 않았다. 다음 날 똑같은 실험자가 나가서, 이번에는 암환자들을 위해 장기를 기증해달라고 했다. 이것은 일반적으로 사람들이 쉽게 받아들일 만한 부탁이 아니었다. 그러나 놀랍게도 처음에 배지를 다는 데 동의한 주민들은 그 뒤에 이어지는 부탁을 거절하지 못하고 장기를 기증하겠다는 동의서에 서명했다. 갑자기 찾아가서 장기를 기증해달라고 했을 땐 46퍼센트의 사람들밖에 동의하지 않았지만 사전에 배지를 다는 것에 동의한 사람들 중에서는 74퍼센트나 선뜻 동의한 것이다.

이런 식으로 카르두치(B. J. Carducci)라는 심리학자도 많은 사람들에게 장기를 기증하겠다는 서명을 받아냈고, 슈워츠(S. H. Schwartz)라는 연구자는 대학생들로부터 골수를 기증하겠다는 서약서를 받는 데 성공했다. 또한 삭스(M. J. Saks)도 같은 방법으로 혈액과 신장을 기증하겠다고 동의서에 서명을 받은 적이 있다.

그 외에도 많은 사례가 있다. 카제프(R. D. Katzev)는 사람들에게 에

너지 절약에 관한 앙케트에 응해달라는 부담 없는 부탁을 한 후, 전기 사용량을 15퍼센트만 절약해달라는 한 단계 높은 부탁에도 더 많은 사람들의 수락을 받을 수 있었다.

첫 번째 부탁을 수락하면 다음 거절은 힘들어진다

받아들이기 쉬운 부탁을 먼저 한 다음에 좀 더 어려운 부탁을 하는 이 테크닉은 의식적으로 사용하려고만 하면 누구든지 사용할 수 있고, 실제로 지금까지 여러분도 무의식적으로 적지 않게 사용해왔을 것이다.

요즘에는 처음 만나는 남녀 사이라 할지라도 서로 마음이 끌리면 섹스까지 하기도 한다. 아무리 사회가 개방되었다고 해도 아직까지는 이런 경우, 솔직한 속마음이 어떻든 간에 남자들이 여자들을 설득하는 경우가 많다. 그렇다고 세상에 처음 만나는 여자한테 이렇게 말하는 남자는 없을 것이다. "만약 시간이 있다면 당신과 섹스하고 싶습니다."

오히려 이렇게 말하는 것이 일반적이다.

"시간이 있으면 같이 영화나 보러 갈까요?"

"분위기 좋은 카페를 알고 있는데, 한번 가보지 않을래요?"

이 경우 그 제안을 거절하느냐 마느냐는 오로지 여자의 선택에 달려 있다. 싫으면 급한 일이 있다고 단호하게 거절할 수도 있고, 완전히 무시하고 그냥 가버릴 수도 있다. 그러나 같이 차를 마시거나 영화를 보자는 사소한 요구를 들어준 여자에게는 그 뒤에 이어지는 "맥주라도 한잔할까요?"나 그다음의 "우리 집에 가서 커피라도 마시지 않겠습니까?"라는 요구를 거절할 자유가 처음만큼은 없다. 즉 처음 만난 남자의 집에 가는 것에 저항감이 있어도, 첫 번째 요구를 받아들인 이후에는 처음보다 거절하기 힘들다는 것이다. 처음 보는 남자가 갑자기 "우리 집에 가지 않겠습니까?"라고 했을 때를 상상해보면 쉽게 알 수 있다.

풋 인 더 도어 테크닉은 평소에도 무의식적으로 사용하는 것으로, 그 순서를 정리해보면 다음과 같다.

1. 최종 목표를 설정한다.

상대방에게 부탁하고자 하는 진짜 목적을 정하는 것이다. 여기에서는 10만 원을 빌리는 것으로 하자.

2. 최종 목표에 도달하기 전에 사용할 쉬운 부탁을 설정한다.

'이 정도라면 틀림없이 승낙할 것' 같은 부탁을 될 수 있으면 많이 생각해둔다. 상대방이 받아들이기 쉬운 순서대로 정리해두는 것이 좋다. 당연히 '만 원 → 3만 원 → 5만 원 → 10만 원'으로 나아가는 것이 좋다.

3. 쉬운 부탁을 승낙하면 진정한 목표인 어려운 부탁을 말하거나 또는 점

점 어려운 부탁으로 서서히 단계를 밟아나간다.

예를 들어 10만 원을 빌리는 경우, 다음과 같은 단계를 밟는 것이 좋다.

먼저 "이번 달 생활비가 모자라는데, 미안하지만 3만 원만 빌려줄 수 없나요?"라고 적당한 액수를 말한다. 그러면 상대방은 그 정도는 빌려줄 수 있다고 답할 것이다. 그때 "고맙습니다. 근데 혹시 무슨 일이 생길 수도 있으니 만일을 위해 5만 원 아니, 10만 원을 빌려줄 수 없을까요?"라고 원래 빌리고 싶었던 금액을 말한다.

이 방법을 다른 상황에서도 적용해보자. 물건을 팔아야 할 때, 사지 않아도 되니까 일주일만 사용해보라고 권하고 일주일 뒤에 "사용해보니 좋으시죠? 그냥 계속 쓰시는 게 어떠세요?"라고 어려운 부탁을 하는 것이다. 아이에게 청소를 시킬 때도 유용한 방법이다. 일단 책상 등 가벼운 것을 정리하라고 시키고, 그런 김에 방 청소도 하는 게 어떠냐고 강도를 올려 제안하는 것이다.

골드먼(M. Goldman)은 '쉬운 부탁 → 어려운 부탁'이라는 두 단계가 아니라 '쉬운 부탁 + 쉬운 부탁 → 어려운 부탁' 같은 식으로 쉬운 부탁을 두 번 정도 되풀이한 후 진정한 목적인 어려운 부탁을 하는 응용 테크닉(two feet in the door)이 효과적이라는 사실을 실험을 통해 증명했다. 한쪽 발이 아니라 두 발을 모두 문틈으로 집어넣는 것이다. 예를 들어 친구와 함께 동아리에 가입하고 싶을 때 사용할 수 있다.

1단계: "부탁할 일이 있는데 들어줄 수 있니?"

2단계: "실은 어느 동아리를 가보려고 하는데, 혼자 가면 좀 쑥스럽고 그래서…. 같이 가자."

3단계: "함께 가입하자!"

또한 당신이 남자라면, 마음에 둔 상대에게 데이트를 신청할 때는 다음과 같이 응용하면 된다.

1단계: "나중에 한가할 때, 한 시간이라도 좋으니까 시간을 내줄 수 있니?"

2단계: "여동생 생일인데 무슨 선물을 사야 할지 몰라서 말이야. 여자 선물은 여자가 고르는 편이 낫지 않을까?"

3단계: "볼일 다 보고 같이 저녁 먹을래?"

이때 주의해야 할 점이 있다. 첫 번째 쉬운 부탁과 진짜 목적인 어려운 부탁 사이에 너무 격차가 크면 안 된다.

포스(F. D. Foss)와 뎀프시(C. B. Dempsy)의 연구에 따르면, 첫 번째 부탁에 비해 두 번째 부탁이 너무 부담스러우면 실패할 확률이 높다고 한다. 반대로 말해서 진짜 목적에 비해 첫 번째 부탁이 너무 작아도 성공하지 못한다는 뜻이다. 가령 "급한 전화를 걸려고 하는데 동전 좀 빌려주지 않겠습니까?" 하고 부탁한 다음에 "실은 지갑을 잃어버려서 집에 갈 차비가 없는데 3,000원만 빌려주세요."라고 부탁하는 것은 좋은 방법이다. 최초의 부탁이 작았지만 진정한 목표인 마지막 부탁도 큰 부담이 없기 때문에 거부감이 크게 들지는 않는다.

그러나 동전을 빌리는 데 성공했다고 해서 그다음에 10만 원을 빌려달라고 하면 상대방은 분명히 싫다고 대답할 것이다. 100원과 10만 원의 차이가 너무 크기 때문이다. 따라서 10만 원이 필요하다면 적어도 처음에 5만 원을 빌려달라고 하든지, '1만 원 → 5만 원 → 10만 원'으로 차츰 높여서 부탁해야 한다.

그렇다면 다음과 같은 경우에는 어떻게 하는 것이 좋을까. 길거리에 굴러다니는 쓰레기가 너무 지저분해서 '세 달에 한 번씩 청소하는 날을 만들자'고 제안했다고 하자. 이것은 그다지 힘든 일이 아니기 때문에 주민들의 동의를 쉽게 얻을 수 있다. 그러나 당신의 진짜 목표는 '세 달에 한 번'이 아니라 더욱 자주 청소하는 것이다. 그런 경우에는 어떤 방법을 사용하는 것이 좋을까? '세 달에 한 번'에 동의했다고 해서 '매일 아침 출근하기 전에 쓰레기 청소를 하자'고 제안하면 보기 좋게 거절당할 것이다. 누구든지 매일 아침 쓰레기를 청소하자고 하면 싫은 표정을 지으며 고개를 젓지 않을까. 따라서 두 번째 요구는 적어도 '두 달에 한 번이나 한 달에 한 번'이라는 수준에서 제안하는 것이 좋다.

또 맨 처음의 행동을 돈으로 보상해서는 안 된다. 사람들은 돈을 주면 '매수당했다'는 느낌을 갖는다. 또 '나는 선량한 사람이니 돈을 주지 않아도 그 정도의 부탁은 받아들일 수 있다'는 자존심에 상처를 주는 꼴이 된다. 그렇기 때문에 어떤 부탁을 들어준다고 해서 곧바로 보상하는 것은 좋지 않다.

주커먼(M. Zuckerman)은 5분의 인터뷰를 부탁한 다음 다시 25분의 인터뷰를 부탁했다. 이 경우 64.3퍼센트의 사람이 응했는데, 5분의 인터뷰를 마치고 나서 돈을 지불하자 25분의 인터뷰에는 33.3퍼센트밖에 응해주지 않았다.

만약에 당신이 한 아이의 어머니이고, 아이의 공부시간을 늘리고 싶다고 하자. 어떻게 하는 것이 좋을까? 지금까지 전혀 공부한 적이 없는 아이라면, "매일 공부하라고는 하지 않을 테니, 이틀에 한 번씩 30분 동안만 책상에 앉는 것은 어떨까?"라고 말하는 것이 좋다. 물론 하루에 30분씩 공부한다면 용돈을 늘려주겠다는 식으로 말해서는 안 된다. 그것은 오히려 역효과를 불러올 뿐이다. 그리고 이틀에 한 번씩 30분 동안 공부하면 그다음에는 이틀에 한 번씩 45분을 공부하라든지, 매일 20분씩 공부하라고 하는 것이다.

남편에게 설거지를 부탁할 때도 마찬가지다. 자신이 먹은 그릇은 직접 물에 담가둔다는 식의 작은 약속부터 시작하는 것이 좋다. 물론 그 약속을 지켰다고 해서 용돈을 늘려서는 안 된다. 나중에 설거지를 부탁한다는 진정한 목표를 이루었을 때는 더 많은 용돈을 주어야 하니까 말이다. 그러면 풋 인 더 도어 테크닉으로 성공했다고 할 수 없다.

다시 말해 첫 번째 부탁에 보상을 하면 그다음에 부탁할 때는 더 많은 보상을 해야 한다. 이 점을 생각하지 않으면 나중에 돌아오는 엄청난 대가를 모두 감수해야 한다.

공짜만큼 비싼 것은 없다

지금까지 한번 승낙하면 거절하기 힘들어지는 심리를 이용한 풋 인 더 도어 테크닉에 대해 설명했다. 이번에는 당하는 처지라고 생각해보자.

1만 원을 빌려달라는 부탁을 쉽게 허락한 당신은 그다음에 이어지는 5만 원을 빌려달라는 부탁을 거절하지 못할 것이다. 그리고 결국 "빌어먹을! 처음부터 5만 원이라고 그랬으면 거절했을 텐데……." 하고 가슴만 칠 뿐이다. 또 판매원의 입에 발린 소리에 넘어가서 비싼 코트를 구입하고는, 내일부터 생활비를 줄여야 한다면 "사실은 코트를 살 생각이 전혀 없었는데." 하며 땅을 치고 후회할 것이 뻔하다. 그러면 어떻게 대처해야 이런 테크닉에 속아 넘어가지 않을까?

일단 상대방이 판매원이나 세일즈맨처럼 뭔가를 사게 하려는 사람이라면, 그가 아주 작은 부탁을 하더라도 그다음에는 반드시 어려운 부탁이 기다리고 있다는 사실을 명심해야 한다. 극단적인 경우에는 공짜만큼 비싼 것은 없다는 사실을 각오해야 한다. 이런 사실을 잘 알고 있어도 막상 그 순간이 닥치면 멋지게 넘어간다. 무엇 때문일까? '나는 마지막 순간에 거절할 수 있다.' '언제든지 내가 원하는 순간에 거절할 수 있다.' 하고 자신을 너무 과신하고 상대방을 얕잡아 보기 때문이다.

특별히 당신만 어리석게 부탁을 거절하지 못하는 것이 아니다. 이 세상 모든 사람들이 다 그렇다. 잔소리 같지만 다시 한 번 강조하고 싶다.

상대방의 첫 번째 부탁에는 얼마든지 거절할 수 있는 자유가 있다. 그러나 일단 첫 번째 부탁을 받아들이면, 그다음 부탁에는 처음보다 거절할 자유가 없다.

이것은 모든 사람에게 해당하는 심리법칙이다. 자신을 너무 과신하지 말고, 이것만 마음에 새겨두면 그 정도쯤이야 하고 쉽게 승낙하는 일은 훨씬 줄어들지 않을까. 그러면 그다음에 이어지는, 별로 내키지 않는 부탁도 완전히 봉쇄할 수 있다.

그러나 상대방이 잘 아는 사람이라서 처음부터 거절하기 어려운 경우도 있다. 친한 사람이 처음에 1만 원만 빌려달라고 하면 거절하지 못할 것이다. 그렇다면 1만 원을 빌려준 다음에 10만 원을 빌려달라고 하면 어떻게 하는 것이 좋을까?

심지가 굳은 사람이라면 그건 곤란하다고 거절할 것이다. 그렇지만 마음이 약해서, 사실은 빌려주고 싶지 않지만 어쩔 수 없이 빌려주는 사람도 있다. 그런 경우에는 다음과 같이 냉정하게 생각해야한다.

"그것과 이것은 별개의 문제다…… 그것과 이것은 별개의 문제다…… 그것과 이것은 별개의 문제다."

문제에 부딪힐 때마다 이 말을 자기 자신에게 던져보는 것도 좋다. 1만 원을 빌려줄지 말지를 결정하는 것과 10만 원을 빌려줄지 말지를 결정하는 것은 아예 별개의 문제이기 때문이다.

그러나 풋 인 더 도어 테크닉에 쉽게 걸리는 사람은 작은 부탁과 큰 부탁을 똑같이 생각한다. 1만 원을 빌려준다면 10만 원도 빌려줘야 한다고 생각하는 것이다. 그 점이 상대방의 눈에는 허점으로 보인다. 이 두 가지는 완전히 별개의 문제이기 때문에, 나중의 큰 부탁을 거절하는 것에 대해서 꺼림칙하게 생각할 필요도 없고, 죄책감을 가질 필요는 더더욱 없다. 착한 사람 콤플렉스에 빠져서 주저하지 말고, '그것은 그것, 이것은 이것!'이라고 생각을 완전히 전환해야 한다. 그러면 이렇게 심리를 이용하는 말에 당하는 일은 없을 것이다.

쓸데없는 죄책감에 휘둘리는 심리

거절은 죄책감을 부른다

누군가가 당신에게 사랑을 고백했다고 하자. 지금 당신에게 애인은 없지만 그렇다고 상대방에게 관심이 있는 것도 아니다. 따라서 당신은 미안하다면서 정중하게 거절한다. 그때 상대방이 재빨리 이렇게 말한다면 어떨까. "그래요? 그러면 그냥 친구처럼 지내요. 친구는 괜찮죠?" 상대방이 이렇게 나와도 "미안하지만 당신과는 친구처럼 지내기도 싫어요."라고 거절할 수 있을까? 대부분의 사람은 한 발짝 물러나 친구라면 괜찮다고 대답한다.

이런 사례의 이면에는 심리법칙이 숨어 있다. 보통 사람들은 상대방이 말도 안 되는 요구를 하더라도, 그것을 거절하면 반드시 죄책감을 느낀다. 이것은 이성이 아니라 감정의 문제다. 죄책감을 느낄 필요가 전혀 없는데도 자기도 모르게 그렇게 되는 것이다. 따라서 일단 거절한 다음에 상대방이 무엇인가를 또 부탁하면 이번에는 받아들여야 한다는 압박에 시달린다. '이미 한 번 거절했으니 상대방이 다시 부탁하면 그때는 들어주어야 하지 않을까'라는 의무감이 머리를 지배하는 것이다. 누구나 상대방의 부탁을 계속 거절하기는 어렵다. 몇 번은 어떻게 거절했지만, 그때마다 죄책감이 더 심해지기 때문에 마음이 편하지 않다. '이렇게 마음이 불편할 바에야 차라리 부탁을 들어주는 편이 낫겠다'고 생각하는 것이 인간의 심리다.

왜 사람들은 쓸데없는 죄책감에 시달리는 것일까? 조금만 생각하면 쉽게 알 수 있지만, 우리 사회에는 될 수 있으면 다른 사람의 부탁을 들어주어야 한다는 도덕윤리가 광범위하게 퍼져 있다.

사람들은 대부분 어린 시절부터 그런 교육을 받고 자란다. 그리고 마음속에 깊이 새겨진 도덕관을 숙명처럼 껴안고 평생 동안 살아간다. 누군가의 데이트 신청을 거절할 경우, 당신의 심리 상태는 어떻게 변할까?

"나를 좋아한다는 사람을 거절하다니, 내가 나쁜 사람일까?"

"상대방에게 깊은 상처를 입힌 것은 아닐까?"

"좀 더 나은 방법으로 거절할 수는 없었을까?"

"상대방이 분노와 슬픔에 빠진 나머지, 나를 해코지하지는 않을까?"

이런 생각에 휩싸이면서 당신은 거절했다는 죄책감으로 스스로를 책망한다. 그때 틈을 주지 않고 "그러면 친구가 되는 것은 괜찮겠죠?"라고, 조금 전보다 훨씬 낮은 조건을 제시하면 쉽게 받아들이게 되는 것이다. 그것은 안개에 휩싸인 듯한 불편한 마음에서 도망칠 수 있기 때문이고, 더 이상 상대방에게 상처를 주고 싶지 않다는 감정 때문이며, 상대방의 분노를 사지 않겠다는 보호본능 때문이기도 하다.

이런 심리를 이용한 설득기법이 바로 도어 인 더 페이스 테크닉(door in the face technique)이다. 한마디로 말하면 처음에 일부러 부담스러운 부탁을 한 후 상대방이 거절한 시점에서 자신의 진짜 목표인 작은 부탁을 하는 방법이다. 풋 인 더 도어 테크닉은 상대방이 문을 열면 재빨리 한쪽 발을 넣는 것이고, 도어 인 더 페이스 테크닉은 상대방이 문을 열면 갑자기 얼굴을 들이미는 것이다.

사람은 거절을 계속하지 못한다

치알디니(R. B. Cialdini)는 다음과 같은 실험으로 도어 인 더 페이스 테크닉의 효과를 확인했다. 그는 먼저 대학생들에게 이렇게 물었다.

"앞으로 2년 동안, 매주 두 시간씩 청년 카운슬링 프로그램에 참가하지 않겠습니까?"

이 프로그램은 자원봉사이고, 보수도 전혀 없다. 당연히 대부분의 학생들이 참가하지 않겠다고 했다. 그러자 치알디니는 작은 부탁으로 내용을 수정했다. 물론 그의 진정한 목적은 아이들과 하루 종일 동물원에서 놀아달라는 작은 부탁을 받아들이게 하는 것이었다. 이 부탁도 결코 쉽지 않은 일로, 할 수만 있다면 피하고 싶을 것이다. 실제로 두 번째 부탁을 먼저 제시한 경우에는 겨우 17퍼센트의 사람만이 승낙했지만, 이미 한 번 거절한 경우에는 절반 이상의 사람이 순순히 두 번째 부탁을 받아들였다.

사람은 원래 계속 거절하지 못한다. 거기에다 조건을 낮추어준 상대방에 대한 미안함도 작용한다. 2년 동안이나 무료로 자원봉사하는 것에 비하면 하루 정도 아이들과 놀아주는 것은 힘든 일도 아니지 않은가. 더구나 이 요구를 받아들이면 상대방의 체면도 살려주는 셈이고, 첫 번째 어려운 부탁은 거절했으니 자신은 이득을 본 것이나 다름없다고 생각하게 된다.

그들은 실험자가 처음부터 두 번째 부탁을 노리고 있었다는 사실은 아마 꿈에도 모를 것이다. 그렇기 때문에 이득을 본 것도 아니면서 이득을 보았다고 착각한다.

그밖에도 여러 가지 사례가 있다. 샤냅(M. E. Shanab)은 길을 지나가는 대학생을 붙잡고, 학습 훈련을 위해 사람에게 전기충격을 주는 실험에 참여해달라고 부탁했다. 사실 사람한테 전기충격을 가하는 일은 별로 기분 좋은 일이 아니다. 대부분의 학생들은 정중하게 거절했다. 그러자 샤냅은 조금 수준을 낮춰 제안했다. "그러면 사람이 아니라 쥐에게 전기충격을 줘보는 것은 어떨까요?" 쥐한테 전기충격을 가하는 것도 결코 기분 좋은 일은 아니지만, 그래도 사람에 비하면 훨씬 낫지 않은가. 실제로 첫 번째 부탁을 거절한 대부분의 대학생들은 마지못해 두 번째 부탁을 받아들였다.

똑같은 테크닉을 이용해서 노랫은 처음 보는 낯선 사람에게 '자전거를 20분 동안 봐달라'는 부탁을 성공시켰다. 또 에이브러햄스(M. F. Abrahams)는 거액의 자선기금을 모을 수 있었다.

도어 인 더 페이스 테크닉은 다음과 같은 순서로 이루어진다.

1. 최종 목표를 설정한다.

당신이 원하는 진정한 목적이다. 여기에서는 풋 인 더 도어 테크닉과 마찬가지로 10만 원을 빌리는 것으로 하자.

2. 어려운 부탁을 설정한다.

'상대방이 틀림없이 거절할 것' 같은 부탁 사항을 정한다. 예를 들어 50만 원을 빌려달라고 하면 상대방이 쉽게 받아들이지 못하지 않을까?

3. 어려운 부탁을 거절하면 자신의 진정한 목적인 (상대적으로) 쉬운 부탁을 한다. 또는 서서히 좀 더 쉬운 부탁으로 단계를 밟아나간다.

예를 들어 보자면 다음과 같다.

"이번 달 생활비가 모자라는데, 미안하지만 50만 원만 빌려주지 않을래?"

"그건 힘들겠는데. 나도 요즘 대출이자를 갚느라고 여유가 없거든."

"그래? 그러면 10만 원이라도 안 될까?"

도어 인 더 페이스 테크닉은 사람들이 의식적으로 사용하든 무의식적으로 사용하든, 우리 주위에서 흔히 볼 수 있다. 당신도 지금까지 수도 없이 사용하지 않았을까. 사람들은 '솔직히 말하면'이라고 입버릇처럼 말하지만, 정말로 솔직히 말하는지는 본인밖에 모른다.

이런 일은 출판계에서도 많이 일어난다. "솔직히 말씀드리면 최종 원고마감 날짜는 10일입니다."라는 말을 듣고 그 스케줄까지 끝내기는 아무래도 어렵겠다고 대답하는 순간 편집자는 틈을 주지 않고 재빨리 이렇게 말한다. "하는 수 없군요. 그러면 스케줄을 조정해볼 테니, 12일까지 꼭 부탁드립니다. 그 날짜는 꼭 지켜주셔야 합니다."

이렇게까지 양보해주면 상대방은 오히려 고맙다고 인사할 수밖에 없지 않을까. 가격 흥정도 마찬가지다. 더 이상은 깎아줄 수 없다는 말을 몇 번이나 하고도, 그러면 다음에 오겠다고 하면 한 푼도 깎아줄 수 없다던 사람이 만면에 미소를 지으면서 다시 흥정을 시작한다.

"30분 만이라도 좋으니까 매일 책상 앞에 앉아서 공부해." 갑자기 이런 말을 한다면 아이는 당신의 요구를 받아들이지 않을지도 모른다. 그러기 전에 매일 한 시간씩 책상 앞에 앉아 있으라는 무리한 요구를 하면, 아이가 짜증 섞인 목소리로 "그건 무리예요." 혹은 "싫어요."라고 답한다. 그러면 재빨리 "그러면 하루에 30분 만이라도 앉아 있어." 하고 자신의 진짜 목적을 말해보라. 이렇게 간단한 차이인데, 원하는 요구를 하기 전에 어떤 요구를 하느냐에 따라 결과는 엄청나게 달라진다.

한 유명한 바람둥이는 여자를 유혹할 때 이런 방법을 사용했다고 한다. 처음 만난 여자에게 불쑥 드라이브를 하러 가자거나 2박 3일 온천 여행을 가자고 제안한다. 물론 자신도 그럴 생각은 전혀 없다. 그리고 여자가 거절하면 그 순간 재빨리, "그러면 차라도 마시면 안 되겠느냐"고 말하는 것이다.

도어 인 더 페이스 테크닉은 우리의 일상생활에 널리 퍼져 있다. 따라서 이 수법을 알아채고 의식적으로 사용할 수 있느냐 없느냐가 중요하다. 평범한 사람들은 진정한 요구, 즉 최종적인 목적을 처음부터 직접적으로 말하는 경우가 대부분이다. 그러므로 교섭이나 부탁을 하기 전에 침착하고 면밀하게 전략을 짜는 일이 중요하다. 여기에는 더블(double) 도어 인 더 페이스 테크닉이라고 해서, 일부러 상대방이 두 번 정도 거절할 만한 요구를 준비하는 방법도 있다. 여러 가지 작전을 세워서 의식적으로 요구하는 것이 이 테크닉을 자기 것으로 만드는 가장 빠른 지름길이다.

다만 주의해야 할 점이 있다

첫 번째 부탁과 두 번째 부탁 사이의 시간이 너무 길면 안 된다. 풋 인 더 도어 테크닉은 첫 번째 부탁과 두 번째 부탁 사이에 어느 정도 시간이 경과해도 상관없다. 실험에 따르면, 며칠에서 몇 달이 지나도 효과는 약해지지 않는다고 한다. 그러나 도어 인 더 페이스 테크닉의 경우, 첫 번째 부탁을 거절당하면 잠깐의 틈도 주지 말고 바로 다음 부탁을 해야 한다.

예를 들어 10만 원을 빌려달라는 부탁을 거절하면, 그 자리에서 1만 원이라도 좋으니 빌려달라고 해야 효과가 높다. 그러나 며칠이 지난 다음에 1만 원을 빌려달라고 하면 또다시 거절당할 확률이 높다. 캔(A. Cann)의 연구에 따르면 풋 인 더 도어 테크닉은 일주일이나 열흘이 지나도 효과가 지속되는 데 반해, 도어 인 더 페이스 테크닉은 일주일만 지나도 거의 효과가 없다고 한다.

또 상대방이 분노나 적의를 품을 만큼 첫 번째 부탁이 너무 지나쳐서는 안 된다. 첫 번째 부탁이 너무 지나쳐 상대방을 화나게 만드는 경우가 있다. 그때는 아무리 그다음부터 수위를 낮춰도 계속 거절당할 수밖에 없다. 당연한 일인지 모르지만, 이런 흥정은 어느 정도 경험을 쌓지 않으면 그 비결을 터득하기 힘들다.

예를 들어 새로운 자동차를 팔려고 할 때 상대방의 주머니 사정은 생각하지도 않고 무작정 비싼 자동차를 팔려고 하면 고객은 분통이 터질 수밖에 없다. 그러면 그다음에 가격이 저렴한 중고차를 권해도 역시 거절당할 수밖에 없다. 첫 번째 부탁이 너무 지나쳐 상대방의 마음속에 이미 적의가 자리 잡았기 때문이다. 그러므로 첫 번째 부탁은 거절하면 죄책감이 들 정도로만 하는 것이 중요하다.

정말 죄책감을 느껴야 할 일인가

상대방이 이런 수법을 사용했을 때, 대처하는 방법은 아주 간단하다. 쓸데없는 죄책감을 느끼지 않으면 된다. 이 테크닉은 상대방의 부탁을 거절할 때 죄책감이 생기는 심리를 이용하는 것이다. 따라서 마음속에 죄책감만 갖지 않으면 얼마든지 상대방의 부탁을 거절할 수 있다.

상대방에게 여러모로 신세를 지고 있다면 사정은 다르다. 이 경우 상대방의 요구를 거절하면 죄책감이 드는 것이 당연하기 때문에, 자신도 최대한 양보하지 않으면 안 된다.

그러나 이 세상에는 죄책감을 느낄 필요가 전혀 없는 데도 쓸데없는 죄책감을 느끼는 사람이 얼마나 많은가. 그리고 그런 점을 파고드는 악덕 장사꾼은 또 얼마나 많은가.

이것은 어떤 악덕 장사꾼의 수법이다. 그는 집에 놓아두면 행운이 찾아온다고 하면서, 일단 100만 원이 넘는 도자기를 권한다. 그리고 그렇게 비싼 물건은 살 수 없다고 말하면 재빨리 10만 원짜리 작은 도자기를 권한다. 그와 동시에 '지금 당신의 행운을 기원하고 있는데, 그런 호의를 무시하는 거냐'며 무언의 압력을 가한다. 그러면 마음이 약한 사람은 '100만 원짜리 도자기는 도저히 어쩔 수 없지만, 나를 생각해주는 거라니까 10만 원짜리라도…….' 하고 고맙게 생각하게 된다.

어떤 부탁을 반드시 거절하고 싶을 때, 그것이 정말로 죄책감을 느껴야 할 부분인지 냉정하게 생각해보기 바란다. 당신의 머릿속에 새겨져 있는 '거절=상대방에게 미안한 일'이라는 구도만 바꿀 수 있다면 이 테크닉에 넘어갈 염려는 없다.

또 도어 인 더 페이스 테크닉에 당하지 않는 좋은 방법이 있다. 상대방이 도어 인 더 페이스 테크닉을 사용하면 자신도 재빨리 같은 방식으로 응수하는 것이다. 상대가 10만 원을 빌려달라고 하는 상황을 가정해보자. 당신은 그만한 돈을 빌려줄 여유가 없어 안 된다고 거절한다. 그러면 도어 인 더 페이스를 사용하는 상대방은 이렇게 말할 것이다.

"그러면 5만 원이라도 안 될까?"

"만 원 정도는 빌려줄 수 있어."

"아무리 그래도, 만 원은 너무 적은데……."

"나도 돈이 별로 없어서 말이야. 정 그렇다면 3만 원은 빌려줄 수 있는데."

이렇게 하면 당신이 일방적으로 양보하는 것도 아니고, 상대방은 3만 원이라도 빌려준 당신에게 매우 고마워할 것이다.

한번 내린 결정을 번복하지 못하는 심리

사람은 올라간 나무에서 내려오길 꺼린다

"30~60% 특별 할인!" "새봄맞이 대 바겐세일!"

신문의 전단지, 포스터, TV광고 등 우리는 하루에도 수십 번씩 이런 광고를 보며 생활한다. 크리스마스, 설날, 밸런타인데이, 추석 등 무슨 일이 있을 때마다, 일이 없으면 일을 만들어서라도 백화점에서는 세일 판매를 실시한다. 그리고 식품 매장에서는 그날 팔다 남은 물건이 있으면 마감시간 직전에 가격을 내려서 파는 것이 보통이다.

사람은 원래 조금이라도 더 싸게 사는 것을 좋아하는 법이다. 특히 주부들은 더 그렇다. 그들 사이에서는 조금이라도 싸게 구입한 사람이 마치 전쟁의 승리자인 양 찬사를 받는다. 그리고 그 사람은 거액의 계약을 따낸 비즈니스맨처럼 득의양양한 표정으로 자신의 성공담을 늘어놓는다.

여자든 남자든, 인간은 사냥에서 기쁨을 찾는다. 쇼핑에서 사냥감은 곧 상품이다. 따라서 좋은 사냥감일수록, 최소한의 노력으로 획득한 사냥감일수록 자신의 사냥 솜씨를 자랑할 수 있다.

그러나 아무리 침을 튀기며 쇼핑 솜씨를 자랑해도, 사실은 물건을 싸게 샀다는 이미지에 속은 것이라는 사실을 알고 있는가? 물건을 싸게 산 것 같지만 사실 그 돈을 잃어버린 것과 마찬가지다. 조그만 가게에서 대기업에 이르기까지 "세일! 세일! 세일!" 하고 마치 오늘 세상이 망할 것처럼 소리치는 이유는 '당신은 물건을 싸게 살수 있습니다, 오늘 물건을 사는 당신은 정말 현명한 사람입니다.'라는 것을 소비자의 무의식에 강렬하게 호소하기 위해서다.

실제로 별로 저렴하지도 않은 상품들이 단지 세일기간이라는 이유만으로 엄청나게 팔리는 이유가 바로 여기에 있다. 사람의 심리는 '세일 → 손쉽게 사냥감을 얻는다 → 이득을 본다 → 자신의 현명함을 증명한다'는 단순한 루트를 통해 흐르는데, 이 의식의 흐름을 거역하기란 극히 어렵다. 이런 심리의 맹점을 찌른 설득 기법이 바로 로 볼 테크닉(low ball technique)이다. 로 볼은 '처음에는 상대방이 받기 쉬운 공(low ball)을 던져서 어떻게든 받게 하라'는 영어에서 나왔다. 상대방이 로 볼을 받으면 그다음에는 자신이 진짜 던지고 싶은 공을 던지면 된다. 여기에는 다음과 같은 심리법칙이 응용되고 있다.

사람은 일단 올라간 나무에서 내려오기를 주저하는 법이다. 왜냐하면 자신의 결정이 잘못되었다고 인정하는 것이 수치스러우며, 다시 처음부터 시작하기 귀찮기 때문이다. 그래서 이대로 계속 있으면 자신에게 불리하다는 사실을 알아도, 좀처럼 뒤로 돌아가지 못한다.

이 테크닉은 언뜻 보면 풋 인 더 도어 테크닉과 아주 흡사하다. 상대방이 받아들이기 쉬운 부탁부터 시작하기 때문이다. 그러나 풋 인 더 도어 테크닉이 서서히 부탁의 강도를 높이는 데 비해 로 볼 테크닉은 부탁 자체가 바뀌지는 않는다는 점이 다르다. 다만 부탁받은 사람은 뜻밖의 사태에 직면한 후 결국 자신에게 전혀 이득이 없는 부탁인데도 받아들이고 마는 것이다. 물론 부탁받은 사람에게는 뜻밖의 사태이겠지만, 테크닉을 사용한 사람에게는 예상한 일일 뿐이다.

이렇게 설명하면 쉽게 이해할 수 있지 않을까. 한 남자가 차를 새로 구입하려고 여러 자동차 영업소를 둘러보고 있었다. 그러다 어느 영업소에서 다른 영업소와는 비교가 안 될 정도로 저렴한 가격이 붙어 있는 자동차를 발견했다. 가격만 저렴한 것이 아니었다. 오디오와 에어컨은 물론, 내비게이션 같은 옵션까지 모두 갖추고 있었다.

"이렇게 좋은 차가 이 정도 가격밖에 안 되다니!" 남자는 도저히 믿을 수 없어서 옆에 있는 여직원에게 말을 걸었다. "이 차가 정말 이 가격입니까?" 여직원은 갑자기 말을 걸어서인지 잠시 곤혹스러운 표정을 지었지만, 곧바로 상냥한 미소를 지으며 대답했다. "예. 표시된 가격이 맞습니다. 정말 저렴하지요?"

남자는 즉시 계약서에 서명했다. 자신의 결정이 옳다는 것을 추호도 의심하지 않은 채. 어쨌든 시세에 비해 자동차 가격이 너무 저렴했다. 여직원은 아직 잉크가 마르지 않은 계약서를 들고 안으로 들어갔다. 5분 정도 지나자 영업소 소장 같은 뚱뚱한 체구의 남자와 금방이라도 눈물을 터뜨릴 것 같은 우울한 표정의 여직원이 나왔다. 소장은 미안한 표정을 지으며 이렇게 사과했다.

"죄송합니다. 저희 실수입니다. 적혀 있는 금액은 옵션을 뺀 가격입니다. 옵션은 별도입니다."

아무래도 여직원이 신입사원이라서 실수한 것 같다. 옵션을 포함한 가격을 알아보니 다른 영업소의 가격과 똑같지 않은가. 시세보다 조금도 싸지 않다. 그러나 남자는 이미 계약서에 서명도 했고 고개를 숙이고 있는 여직원이 가엾다는 생각이 들어서 차를 구입하기로 했다.

말할 필요도 없이 이것은 여직원의 실수가 아니라 하나의 전략이다. 이렇게 우리 주위에서는 로 볼 테크닉과 흡사한 경우를 흔히 찾아볼 수 있다. 백화점 세일에서 구입한 옷을 두세 번 세탁하자 보풀이 일었다고 하자. 이럴 때 사람들은 세일해서 싸게 구입했으므로 크게 손해를 본 것은 아니라고 생각한다. 품질이 엉망이라 전혀 세일의 이익을 보지 못했는데도 말이다.

'세일, 가격인하, 덤, 운송료 포함 가격, 수리비 무료, 만 원부터('부터'라는 부분은 아주 작은 글자로 쓰여 있는 것이 보통이다)……' 이런 말들은 모두 로 볼 테크닉을 사용한 것이다. 분명히 이런 문구가 붙어 있으면 사람은 귀가 솔깃하게 마련이다. 그러나 이런 물건을 사면 결국 생각보다 훨씬 많은 비용이 든다는 사실을 알아두기 바란다.

자신의 결정을 책임지려고 하는 사람들

로 볼 테크닉은 오래전부터 많은 기업들이 전략적으로 이용해왔다. 그러나 그 원리를 과학적으로 해명한 사람은 치알디니였다.

그의 실험은 아주 간단했다. 대학생에게 전화를 걸어 심리학 실험에 참가해달라고 부탁한 것이다. 실험에 참가하는 정도는 어려운 일이 아니기 때문에, 대부분의 대학생이 승낙했다. 실은 이것이 바로 로 볼이다. 승낙한다는 대답을 듣자마자 그는 곧바로 "그러면 수요일이나 목요일 아침 7시까지 실험실로 와달라"고 한다. 아무리 생각해도 아침 7시까지 간다는 것은 너무 힘든 일이다. 학교에서 멀리 떨어진 곳에 사는 사람이라면 새벽 5시에 일어나야 할지도 모른다.

'왜 그 말을 먼저 하지 않지? 처음부터 그렇게 말했다면 거절했을 텐데…….' 대학생들은 마음속으로 끊임없이 불평을 늘어놓았다. 그러나 처음에 승낙한 사람의 56퍼센트는 아침 7시까지 오라는 예상 밖의 요구에도 승낙하지 않을 수 없었다. 물론 처음에 '아침 7시'라는 조건을 들은 사람들은 대부분 거절했고, 승낙한 사람은 31퍼센트 정도에 지나지 않았다.

치알디니는 이런 사람들의 심리에 대해서 다음과 같이 설명했다.

'사람들은 대부분 자신의 결정에 책임을 져야 한다고 생각한다. 가령 뜻밖의 사태가 발생한다고 해도, 처음에 승낙한 사람은 바로 자신이니까 말이다. 물론 상대방의 행동을 비난할 수는 있다. 그러나 비난한다고 해서 무엇이 달라지겠는가? 책임은 어디까지나 자신이 져야 한다. 그리고 곰곰이 생각해보면, 내용을 제대로 파악하지

못한 본인의 탓이 아닐까?'

일단 결론을 내린 뒤에는 예상 밖의 일이 일어나도 끝까지 해내야 한다는 무의식적인 강제력이 생기는데, 로 볼 테크닉은 이런 심리를 깊숙이 파고든 것이다.

폴란드에도 이 테크닉을 증명한 사람이 있다. 브라운스타인(R. J. Brownstein II)과 카제프라는 심리학자들이다. 그들의 실험은 1985년 폴란드 미술관에서 이루어졌다. 그들은 미술관 입구 옆에 모금상자를 놓고, 그 옆에 미술관 직원이라는 명찰을 단 실험자를 세워놓았다.

실험이 시작되자 실험자는 입구로 다가온 관람객에게 다가가서 정중하게 부탁했다.

"국가에서 미술관 예산을 삭감하는 바람에, 미술관을 제대로 운영할 수 없습니다. 미술관을 위해 75센트만 지원해주실 수 없겠습니까?"

이 75센트가 문제다. 75센트는 캔커피 하나도 살 수 없을 정도의 적은 돈이다. 사람들은 대부분 "좋습니다. 국가에서 미술관 예산을 삭감하다니, 너무하군요." 하며 대수롭지 않게 지갑에서 돈을 꺼내려고 한다. 그때 미술관 직원 역할인 실험자는 재빨리 금액을 올린다. "미술관에 대한 기부금은 75센트로 충분합니다. 그런데 미처 말씀드리지 못했는데, 예산이 삭감되기 전부터 저희는 어린이들을 위한 예술 프로그램을 기획하고 있었습니다. 그걸 마무리 지으려면 지원금이 더 필요한데, 25센트만 더 기부해줄 수 없을까요?"

결국 합쳐서 1달러. 이 금액도 많은 것은 아니다. 그러나 처음에

로 볼 테크닉을 사용하면 거의 모든 사람들이 모금에 협조한다. 실제로 처음부터 "1달러의 성금을 부탁합니다."라고 한 경우에는 70 퍼센트 정도가 협조해주었지만 로 볼 테크닉을 사용했을 때는 95퍼센트가 협조해주었다.

더욱 놀라운 사실은 처음부터 1달러를 부탁한 경우에는 평균 68 센트밖에 모이지 않은 데 비해, 로 볼 테크닉을 사용하자 평균 1달러 이상의 돈이 모였다는 것이다. 직원은 합쳐서 1달러를 부탁했는데도 로 볼 테크닉을 사용했을 때는 그 이상의 돈이 모였으니, 정말 놀라운 일이다.

특히 전화로 무엇인가를 조사할 때 로 볼 테크닉을 이용하면 좋다. 우편이나 이메일로 질문지를 보낼 경우에는 답장을 기대하기 어렵기 때문에, 회사 입장에서 보면 길거리에 돈을 버리는 것이나 마찬가지다. 그러나 전화를 이용하면 우편이나 이메일에 비해 비교적 대답을 얻기 쉽다.

그러나 전화조사에도 골치 아픈 문제는 남아 있다. 섹스에 관한 질문이나 소득에 관한 질문, 마약에 관한 질문, 범죄에 관한 질문처럼 민감한 문제에는 대답을 받아내기가 힘들다는 점이 그것이다. 어떻게 하면 이런 질문에 대답을 받아낼 수 있을까? 이에 도전한 사람이 호닉(J. Hornik)이라는 심리학자다. 그는 로 볼 테크닉을 이용하면 민감한 문제에도 대답을 얻을 수 있지 않을까 생각하였다.

자신의 가설을 확인하기 위해 호닉은 전화번호부에서 18세가 넘는 600명 이상의 사람들을 선별했다. 그리고 그 사람들에게 전화를 걸어 정중하게 부탁했다. "저는 대학에 근무하는 연구자로, 사람들의 의견을 수집하고 있습니다. 지금 시간이 안 되시면 다음에 다시 한 번 전화를 드리겠습니다. 그때 몇 가지 질문에 대답해주셨으면 하는데, 몇 시가 좋으시죠?" 이때까지는 질문의 내용을 말해주지 않는다. 그러나 이런 말을 들은 사람은 대단한 일이 아닐 것이라고 생각하고, "그러면 토요일 오후 6시가 좋을 것 같아요."라고 대답한다. 그러면 실험자는 감사하다고 고개를 조아리면서 전화를 끊는다. 잠시 후 실험자는 다시 전화를 걸어서 확인한다. "죄송하지만 깜빡 잊고 말씀드리지 않은 것이 있어서 다시 전화를 걸었습니다. 개인적인 질문도 몇 가지 들어 있는데, 그래도 괜찮을까요?"

사람들은 왜 모르는 사람에게까지 의리를 지키려는 것일까? 전화를 받은 사람은 첫 번째 부탁을 승낙했기 때문에 두 번째 부탁도 마지못해 승낙한다.

그러면 한번 결과를 살펴보자. 처음부터 섹스에 대한 질문을 할 경우에는 겨우 46퍼센트의 사람들이 대답해주었다. 그러나 로 볼 테크닉을 사용하고 나서 질문했을 경우에는 놀랍게도 70.1퍼센트의 사람들이 개인적인 사생활에 대해서 대답해주는 것이 아닌가. 리서치 회사에게는 반가운 소식이 아닐 수 없다. 앞으로 묻기 어려운 질문에 이 방법을 마음껏 이용할 수 있으니까 말이다.

로 볼 테크닉을 이용해서 담배를 끊게 만든 심리학자도 있다. 바로 줄(R. V. Joule)이라는 프랑스 심리학자다. 그는 담배를 피우고 있는 대학생에게 말을 걸어서 며칠 뒤에 실시할 기억력 실험에 참가해달라고 부탁했다. 단순한 기억 실험이라고 생각한 대학생들은 흔쾌히 실험에 협조하겠다고 했다. 그러나 이것은 로 볼이었다. 그 대답이 나오자마자 줄은 즉시 "깜빡 잊은 게 있는데, 이것은 금연이 기억력에 미치는 영향을 알아보기 위한 실험이네. 그러니까 실험 전 18시간 동안은 반드시 금연해야 하네." 하고 말했다. 아닌 밤중에 홍두깨도 유분수지, 담배를 피우는 사람은 알겠지만 흡연자에게 18시간의 금연은 상당히 가혹한 벌이다. 하지만 일단 협조하겠다고 한 이상 이제 와서 그만두겠다고 할 수는 없다. 결국 담배를 피우던 대학생들은 담뱃불을 끄고, 눈물을 머금고 18시간의 금연에 도전했다.

잡기 쉬운 공을 먼저 던지기

로 볼 테크닉은 다음과 같이 이루어진다.

1. 최종 목표를 설정한다.

당신이 상대방에게 원하는 진정한 목적이다. 이 경우에도 다른 테크닉과 마찬가지로 10만 원을 빌리는 것으로 하자.

2. 로 볼을 던진다.

상대방에게 불리한 조건은 내세우지 말고, 상대방이 받아들이기 쉬운 조건을 제시한다.

3. 상대방이 로 볼을 받으면 진짜 목적을 말한다.

예를 들어 정리하면 다음과 같다.

"미안하지만, 이번 주 안에 갚을 테니까 10만 원만 빌려주겠니?"

"그래, 좋아."

"아참! 이번 주말에는 세금을 내야 하니까 다음 주 초에 갚을지도 모르는데, 그래도 괜찮겠어?"

로 볼 테크닉은 우리 주위에서도 흔히 찾아볼 수 있다. 앞에서 설명한 세일에 대한 사례 때문에 기업체들만 사용하고 있다고 생각할지도 모르지만, 천만의 말씀! 개인들도 일상생활에서 흔히 사용하고 있다.

가장 좋은 예가 바로 남녀관계다. 학력이나 직업을 그럴듯하게 꾸며서 상대방에게 접근한 다음 연인 관계로 발전한 이후에 사실을 털어놓는 사람도 있고, 육체관계를 가진 다음에 기혼자라는 사실을 털어놓는 파렴치한도 있다. 또 미팅이나 맞선 자리에서 자신의 나이를 두세 살 정도 어리게 말하는 사람들도 있다. 이렇게까지는 하지 않더라도, 처음 연애를 시작할 때 상대방의 마음을 사로잡기 위해 자신을 연출하는 일은 드물지 않다. 이것도 어떤 의미에서는 로볼 테크닉을 사용하는 것이다.

또한 로 볼 테크닉은 누군가에게 부탁할 때도 자주 사용한다. 가령 상사가 부하직원에게 잔업을 부탁한다고 하자. "미안하지만, 30분 정도만 더 일하면 안 될까?" 30분 정도라면 대수롭지 않다고 생각해서 부하직원은 쉽게 승낙한다. 그러면 상사는 "아마 30분 정도면 끝날 거야."라고 조금 전과는 달리 애매한 말을 덧붙인다. 그리고 실제로 잔업은 한 시간 이상 걸리는 것이다.

여기에서 중요한 것은 로 볼의 설정 방향이다. 무턱대고 좋은 조건으로만 낚으려고 한다면 상대방은 쉽게 넘어오지 않는다. 상대방의 입장에서 곰곰이 생각하는 것이 중요하다.

어떤 조건을 좋아할까. 어떤 조건을 싫어할까. 조건은 상대방의 성격이나 처한 상황에 따라 큰 차이가 있다. 극단적으로 말하면 호화로운 생활에 익숙한 여자를 꼬실 때 '우리 집에 값비싼 소파가 있다'는 유혹보다는 '우리 집에 귀여운 고양이가 있다'는 말이 더 효과적일지도 모른다. (그렇게 해서 여자를 집에 데려올 수 있었다면 고양이는 예방접종 때문에 동물병원에 있다고 하면 된다.)

로 볼 테크닉에는 취약점이 있는데, 정도가 지나치면 치졸한 거짓말이나 사기가 될 수도 있다는 것이다. 따라서 이 테크닉을 실천할 때는 상대방이 받아들이기 쉬운 로 볼을 던지는 것이 중요하다.

지금까지 설명한 것처럼 로 볼 테크닉에는 거짓말이 배어 있다는 점에 주의하지 않으면 안 된다. 자칫 잘못하면 단순한 장난으로 끝나지 않고 큰 불신을 남길 수도 있으니, 항상 다음과 같은 점에 신경 써야 한다.

속았다는 생각이 들게 하지 말라. 점심을 굶으면서 저축한 500만 원을 들고, 희희낙락하며 중고차를 사러 가는 사람이 있다고 하자. 그는 꿈속에서까지 애타게 그리던 애마를 손에 넣을 수 있다는 기쁨에 부풀어 있다.

중고차 판매점의 직원은 아주 친절하게, 그 가격 선에서는 최고의 자동차라면서 꽤 좋아 보이는 자동차를 권해주었다. 분명히 나쁘지는 않다. 색깔이며 모양이며 성능까지 모두 만족할 만하다. 직원은 주행거리가 얼마 되지 않는다든지, 예전의 주인이 조심스럽게 몰았다든지 하면서 침을 튀기며 장점을 늘어놓았다. 사전에 인터넷에서 조사해본 중고차와 비교해봤을 때 가격도 그다지 나쁘지 않다. 그래서 그는 과감하게 계약서에 서명했다.

그러나 문제는 다음부터였다. 중고차를 구입한 지 한 달도 안 돼 결점이 나타나기 시작했다. 주행 도중에 이상한 엔진 소리가 들리고, 배터리가 방전되고, 오디오에서 듣기 싫은 잡음이 섞여 나오고, 연비도 처음에 들었던 것만큼 좋지 않고……. 한마디로 말해서 자동차 상태가 직원의 말과는 전혀 달랐다. 물론 장사꾼들이 조금씩 과장하는 것은 알고 있었지만, 아무리 그렇다고 하더라도 이건 너무 심하다는 생각이 들었다.

중고차 판매원에게는 이것이 로 볼 테크닉의 성공 사례일 것이다. 좋은 조건으로 고객을 낚고, 성능이 좋지도 않은 자동차를 좋은 가격에 팔았으니 말이다. 그러나 고객은 '속았다' 또는 '당했다'는 생각에 분노할 것이다.

이런 경우 거의 확실하게 예측할 수 있는 상황은 다음과 같다. 고객은 만나는 사람들에게 그 중고차 판매점의 험담을 늘어놓을 것이다. 그러면 자연히 나쁜 소문이 돌고, 고객의 발길은 줄어들 수밖에 없다. 결국 로 볼 테크닉을 이용해서 한 번의 성공은 얻었을지 몰라도, 장기적으로 보면 실패로 이어질 수밖에 없다.

로 볼로 손님의 귀를 솔깃하게 한 다음 비싼 요금을 씌우는 방법은 안타깝지만 거의 성공한다. 단, 한정된 기간에만 말이다. 이 세상에 속은 사람의 집념만큼 무서운 것이 어디 있겠는가. 속은 사람은 아는 사람을 만날 때마다 자신이 당한 이야기를 하고, 결국 그 가게에는 손님의 발길이 뚝 끊어질 것이다. 따라서 당장 얼마 동안은 성공할 수 있을지 모르지만, 어느 순간 가게에는 파리만 날리게 된다.

그렇다면 어떻게 하면 로 볼 테크닉을 성공적으로 쓸 수 있을까? 로 볼 테크닉을 성공시키기 위해서는 당신만이 아니라 나도 결과를 예상하지 못했다고 주장해야 한다. 실제로 테크닉을 사용한 본인은 결과를 예상하고 있어도 좋다. 그러나 그것을 모르는 척하는 것이 중요하다. 그러면 상대방이 속았다고 생각하지 않기 때문에 비난의 화살은 피할 수 있다.

어떤 부동산 중개업자의 사례를 살펴보자. 그는 해변에 있는 별장을 파는 데 성공했다. 그 별장은 절벽 위에 있는 것으로, 전망이 좋은 데 비해 시세보다 가격이 저렴했다. 그러나 구입한 지 얼마 되지 않은 어느 날, 큰 지진이 일어나 절벽이 무너지는 바람에 별장에까지 바닷물이 들어왔다. 아무리 저렴한 가격에 구입했다고 하더라도 이렇게 되면 별장은 쓸모없는 집으로 전락해버린다. 이 경우는 부동산 중개업자가 일부러 속인 것은 아니다. 적어도 표면적으로는 그렇게 보인다. 그 사람이 지진을 일으킨 것도 아니니까 말이다. 따라서 속았다는 분노의 화살은 피할 수 있다. 그러나 부동산 중개업자는 그 지역에 지진이 자주 일어나고 절벽이 무너질 수도 있다는 것쯤은 알고 있었을 가능성이 높다. 그래서 로 볼 테크닉을 이용해 필요 없는 물건을 처분한 것일지도 모른다.

어떤 의미에서 로 볼 테크닉은 변명의 테크닉이라고 할 수 있다. "죄송합니다. 모든 것이 저희의 실수입니다." "깜빡 잊어버렸는데, 이 상품은 세일 대상이 아닙니다." 손님을 끌어들인 다음에 이런 변명을 하면 위기를 넘길 수 있다. 손님에게는 고작해야 "하는 수 없지. 다음부터는 조심해라."라는 질책만 들으면 된다.

조건이 바뀌면 그 자리를 피한다

로 볼 테크닉에 걸리지 않으려면 다른 경우와 마찬가지로 일단 냉정하게 생각하는 것이 중요하다. 로 볼을 받기 이전의 자신으로 돌아가는 것이다. 당신은 모든 것을 500만 원으로 해결하려고 했기 때문에, 그 차를 구입하려고 결심한 것이 아닐까. 만약에 처음부터 옵션은 별도이고 에어컨이나 오디오를 포함하면 전부 600만 원 정도가 든다는 사실을 알고 있었다고 해도 그 차를 구입했을까. 만약에 그 가격이었다면 다른 판매점도 돌아보지 않았을까. 또 '이미 산다고 결정했고, 다른 판매점을 돌아다니기 귀찮다. 그리고 직원에게도 미안하다. 이 가격이라면 어쩌면 내게 이익일지도 모른다.'라고 자신을 속이려고 한 것은 아닐까.

냉정하게 생각하려고 했지만, 왠지 분위기 때문에 본인도 모르게 물건을 구입하거나 결정을 내린 적이 많다면, 조건이 바뀐 시점에서 이것저것 따지지 말고 어쨌든 빨리 그 자리를 떠나야 한다. 자신에게 생각할 틈을 주지 않고 물리적으로 자리를 피하는 것이다. 그러고 나서 밥을 먹거나 차를 한잔 마시는 것도 좋고, 쇼핑을 하거나 일단 집으로 돌아오는 것도 좋다. 그러면 자연히 시간을 두고 냉정하게 생각할 수 있기 때문이다. 이 세상에 일분일초를 다투어서 꼭 사야 할 물건은 거의 없다. 느긋하게 생각한 다음에, 그래도 사야겠다는 결론이 나오면 그때 사도 늦지 않다. 누군가에게 부탁받을 때도 마찬가지다. 조건이 바뀌면 조금 생각할 시간을 달라고 하면서, 일단 그 자리를 떠나는 것이 상책이다.

상대에 따라 타격 자세를 바꾸다

지금까지 나를 지키기 위해 알아두어야 할, 사람의 심리를 이용하는 세 가지 방법을 소개했다. 풋 인 더 도어 테크닉, 도어 인 더 페이스 테크닉, 로 볼 테크닉. 이 세 가지는 과학적으로 증명된 신뢰할 수 있는 심리 이론이다. 또 실생활에서 얼마든지 활용할 수 있다는 점에서 매우 실용적이다.

그런데 호기심이 강한 사람은 이렇게 생각할지도 모른다. '세 가지 테크닉이 효과가 있다는 것은 안다. 그러나 내가 알고 싶은 것은 그중에서 어느 것이 가장 효과적이냐 하는 것이다.' 당연한 궁금증이다. 심리학자들도 똑같은 생각을 했으니까 말이다. 그래서 그들은 다음과 같이 세 가지 테크닉을 비교해서 실험했다.

버거(J. M. Burger)와 페티(R. E. Petty)는 풋 인 더 도어 테크닉과 로 볼 테크닉을 사용했을 때 사람들의 반응을 각각 조사했다. 그러자 로 볼 테크닉을 사용하는 편이 풋 인 더 도어 테크닉을 사용한 것보다 훨씬 높은 성공률을 보였다.

호닉의 실험에서는 로 볼 테크닉을 사용할 경우 성공률이 70퍼센트를 넘었는데, 풋 인 더 도어 테크닉은 60퍼센트 정도였다. 물론 두 가지 모두 사용하지 않고 부탁한 경우엔 그 수치가 눈에 띄게 떨어졌다.

브라운스타인의 실험에서는 로 볼 테크닉의 성공률이 93.3퍼센트, 도어 인 더 페이스 테크닉의 경우는 86.6퍼센트, 풋 인 더 도어 테크닉의 성공률은 53.3퍼센트로 나타났다.

이 수치로만 보면 로 볼 테크닉에게 승리의 월계관을 씌워줄 수 있으리라. 그렇다면 무조건 로 볼 테크닉을 사용하는 것이 효과적일까? 물론 그렇지 않다. 최종적인 목표가 무엇이냐, 지금 어떤 상황에 있느냐, 상대가 어떤 사람이냐에 따라서 다르다. 따라서 상황에 맞추어 세 가지 방법을 유연하게 사용하는 것이 중요하다. '로 볼로 공략할 수 없는 경우에는 도어 인 더 페이스 테크닉을 사용해보자.' '이 사람의 성격을 보면 풋 인 더 도어 테크닉이 효과적일 것이다.'라는 식으로 말이다. 뛰어난 타자일수록 상대의 투구에 따라서 타격 자세를 유연하게 바꾸는 법이다.

3

선택을 기만당하지 않기 위하여

무서운 것은 피하고 싶은 심리

공포가 사람을 움직인다

치과에 가보면 저절로 이맛살이 찌푸려질 정도로 잇몸이 많이 상한 사진이 걸려 있다. 정말 저렇게까지 심한 사람이 있을까 의심이 들 정도다. 그 사진들이 우리에게 주는 메시지는 단 한 가지. 그렇다. 바로 공포다.

"당신도 이렇게 되고 싶지는 않겠죠? 그렇다면 치과에 다녀야 합니다. 정기적으로 검진을 받으면 이렇게 되지는 않습니다. 그러나 검진을 받지 않으면 이렇게 될지도 모릅니다. 아직 늦지 않았습니다. 치과에 다니는 것이 당신을 위한 일입니다."

치과의사에게 악의가 있거나 돈을 많이 벌려는 욕심이 있는 것이 아닐 수도 있다. 그들은 단지 사람들의 치아를 지키자는 마음에서 사진을 걸어놓았을 뿐인지도 모른다. 그러나 그 사진은 사람들의 공포를 부추겨서, 치과를 찾는 환자를 늘린다. 새까맣게 변한 폐 사진을 보여주면서 금연을 권하는 것도 같은 방법이다.

경찰서에서 보여주는 교통안전 비디오도 마찬가지다. 이미 원형을 알아볼 수 없는 폐차와 유혈이 낭자한 화면이 사람들의 공포를 부추긴다. 그리고 공포를 느낀 사람은 이렇게 결심할 것이다. "반드시 안전벨트를 매자. 교통안전규칙을 정확히 지키자. 경찰관의 말을 듣자." 이렇게 해서 최소한의 안전 규칙을 지키는 준법 시민이 탄생한다. 사람은 원래 공포에 약하다. 어떤 공포를 느끼면 마치 미친 사람처럼 그것을 피하기 위해 발버둥 친다.

다음은 영국의 부인들에게 공포와 불안을 안겨줌으로써 속옷을 판매한 한 속옷업자의 일화이다.

1895년, 그 유명한 뢴트겐이 엑스선을 발명했다. 물론 그 당시 사람들은 엑스선의 정체를 알지 못했고, 다만 막연하게 사람의 내부를 비추는 것이라고 생각했다. 그로부터 얼마 지나지 않아서, 영국 전역에 '엑스선 안경'이 판매될 것이라는 소문이 퍼지기 시작했다. 그 안경을 끼면 여자의 나체를 볼 수 있다는 것이다. 지금도 남편이나 약혼자 이외의 남자에게 알몸을 보이는 것이 일반적이지 않은데 그때는 오죽했을까. 그 당시 영국 부인들 사이에 얼마나 강한 공포심이 퍼졌는지 상상할 수 있을 것이다.

그때 그 공포의 물결을 탄 사람이 있었다. 그는 '엑스선 방지 속옷'이라는 것을 발명했는데, 그 옷을 입으면 엑스선 안경으로도 알몸이 보이지 않는다고 선전했다. 영국 부인들에게는 그 소식이 얼마나 반가웠겠는가. 공포에 휩싸인 부인들이 앞다투어 그 속옷을 사려고 몰려들었다. 이렇게 해서 그 사람은 말도 안 되는 속옷으로 엄청난 부를 모을 수 있었다. 더구나 엑스선 안경에 관한 소문도 그 사람이 퍼트렸다고 하니, 그저 입이 딱 벌어질 뿐이다.

이런 식으로 마음속에 공포를 심어주어 사람을 움직이는 것을 '공포 어필(appeal)'이라고 한다. 여기에서 중요한 것은 공포심을 이용하는 테크닉은 상당히 조잡하여, 덤으로 부작용이 따라오는 일이 적지 않다는 점이다. 그렇기 때문에 요즘에는 별로 사용하는 않는 방법이다. 다시 말해 최근에는 앞에서 설명한 풋 인 더 도어와 같은 더욱 세련된 테크닉이 주류를 이루고, 공포 어필은 극히 일부에서만 사용한다. 강요와 같은 야만적인 방법이 그림자를 감추고, 그 대신 언뜻 보아서는 간파하기 힘든 복잡한 테크닉이 사용된다. 따라서 공포 어필은 이론으로만 알아두고 자주 사용하지 않는 편이 좋다.

강압적이며 절대적인 것, 공포

콜럼버스가 신대륙에서 스페인으로 담배를 가지고 간 이후 유럽에서는 담배를 끊자는 주장이 끊임없이 제기되었고, 영국의 제임스 1세는 1604년에 흡연반대운동을 벌이기도 했다. 그러나 거의 효과를 거두지 못하고 운동은 실패로 끝나고 말았다. 미국에서도 수십 년 전부터 금연운동을 벌이고 있지만, 효과는 크게 거두지 못하고 있다. 이런 캠페인들은 돈만 버리는 경우가 많다.

레벤셜(H. Leventhal)이라는 심리학자는 어떻게 해서든 이 상황을 타개해야 한다고 생각했다. 그는 고민을 거듭한 끝에, 공포야말로 가장 큰 효과를 낼 것이라는 결론을 내렸다. 그렇다고 해서 히틀러나 스탈린이 한 것처럼 '담배를 끊지 않으면 사형에 처하겠다'는 식으로 단순히 공포심을 부채질한 것이 아니라, 좀 더 교묘한 방법으로 공포심을 이용했다.

그는 실험 대상자에게 폐암에 걸린 청년의 화면을 보여준 다음, 이어서 폐암을 수술하는 장면까지 보여주었다. 그 영상에는 폐암으로 새카맣게 변한 암세포와 피투성이가 된 장기들이 생생하게 담겨 있어서, 사람들에게 아주 심한 공포를 주었다. 그리고 레벤셜은 마지막으로 설득을 시작했다.

"이렇게 되지 않으려면 지금 당장 담배를 끊고, 또 정기적으로 흉부 엑스선 촬영을 해야 합니다."

이 실험이 끝난 다음에 레벤셜은 금연에 대한 질문을 하고, 흉부 엑스선 촬영 예약을 받았다. 물론 공포를 느낀 사람들은 반드시 담배를 끊겠다고 결심하면서, 흉부 엑스선 촬영을 신청했다.

레벤셜 이전의 사람들은 단지 담배를 끊자고 소리 높여 외쳤을 뿐이다. 그래서는 성공할 수 없었다. 그것은 '평화를 지키자'는 캠페인처럼, 전혀 효과가 없는 설득이기 때문이다. 사람을 움직이고 싶으면 나름의 절차를 밟아야 하는데, 그는 금연에는 공포 어필이 효과적이라는 사실을 실험으로 확인해준 것이다. 또한 레벤셜은 댑스(J. M. Dabbs)라는 연구자와 함께, 파상풍 예방접종에도 공포 어필이 효과적이라는 사실을 증명했다. 그들은 대학생들에게 심각한 파상풍 환자의 사진을 보여주고, 이렇게 되지 않기 위해서는 예방 접종밖에 없다고 호소했다.

실험이 끝나고 한 달 뒤, 레벤설은 실제로 대학생들이 얼마만큼 예방접종을 받았는지 확인해보았다. 그러자 강한 공포를 느낀 사람들 가운데 22퍼센트가 예방접종을 받았다고 한다. 파상풍 사진을 본 다섯 명 중에 한 명이 예방접종을 받은 것이다. 그에 비해 사진을 보지 않은 학생 중에 일부러 예방접종을 받으러 온 사람은 불과 6퍼센트에 지나지 않았다.

또한 하인(S. Heine)과 기포드(R. Gifford)라는 심리학자들은 1991년에 다음과 같은 실험을 진행했다. 피험자에게 환경오염에 대한 슬라이드를 보여준 다음, 지구의 환경이 얼마나 파괴되어 있는지 알리고 환경보호를 호소한 것이다. 슬라이드를 본 사람들은 지구의 환경이 위험한 지경에 이르렀다는 사실을 실감하면서 공포를 느꼈다. 그런 다음 하인과 기포드는 '지구의 환경을 되살리기 위해 환경보호단체에 자원봉사로 일하는 것은 어떤지, 기부금을 내는 것은 어떤지' 질문해보았다. 물론 공포에 바들바들 떤 사람들이 자원봉사자로 일하거나 거액의 기부금을 낸 것은 두말할 필요도 없다.

공포 어필의 효과는 아주 뛰어나다. 그것은 수많은 실험을 통해 증명되었다. 공포는 지극히 강압적이며 절대적이기 때문이다. 단, 상대방에게 공포를 주기 위해서는 한 가지 조건이 필요하다. 공포를 가하는 사람이 반드시 우위에 있어야 한다는 것이다. 학생에게는 교사라든지, 일반인에게는 경찰관이라든지, 환자에게는 의사라든지, 사원에게는 상사라든지, 어린아이에게는 어머니라든지 말이다. 이 조건을 갖추지 않으면 공포를 안겨주는 일은 불가능하다.

"오늘 중에 이 일을 해라. 그렇지 않으면 해고하겠다!" 이런 공포 어필을 사용할 수 있는 사람은 극히 일부이다. 아무나 사용할 수 없다는 점에서 보면 참으로 불공평하지 않은가.

약한 공포가 강한 공포보다 세다

공포를 가하면 사람은 움직인다. 이것은 만고불변의 진리다. 그러면 여기에서 잠시 생각해보자. 공포가 강하면 강할수록 효과적일까? 될 수 있으면 강하게 협박하는 편이 좋을까? 많은 사람들이 이런 의문을 가질 것이다. 심리학자들 중에 이런 의문에 대답한 사람들이 있다. 자니스(I. L. Janis)를 비롯한 미국의 심리학자들이다. 그런데 그들이 내린 결론은 사람들의 예상을 뒤집었다. 그들의 결론은 '공포는 약하면 약할수록 좋다'는 것이니까 말이다.

자니스는 공포의 크기를 3단계로 조절했다. 강한 공포, 중간 공포, 약한 공포다. 강한 공포에는 "좋은 칫솔을 사용하지 않거나 이를 닦지 않으면 이렇게 됩니다."라고 망가진 잇몸을 슬라이드로 보여주고, 동시에 치아를 치료하기 위해 드릴로 구멍을 뚫는 장면이나 엄청난 통증을 동반한 수술 장면도 보여주었다. 중간 공포인 경우에는 그렇게 심하지 않은 구강 질환을 슬라이드로 보여주고, 약한 공포인 경우에는 이를 닦지 않으면 충치에 걸린다는 정도의 설명을 하면서 보통 사람의 치아를 슬라이드로 보여주었다.

실험 일주일 뒤, 그는 이들 중에서 어떤 사람들이 성실하게 이를 닦고 있는지를 조사했다. 상식적으로 무서운 슬라이드를 본 사람일수록 성실하게 이를 닦을 것이라고 생각하기 쉽다. 그러나 자니스가 얻은 결과는 완전히 의표를 찌르는 것이었다. 다음은 이를 닦는 사람의 비율을 나타낸 표이다.

공포의 정도와 설득을 받아들인 사람의 비율

강한 공포	중간 공포	약한 공포
8%	22%	36%

이 결과는 지나치게 협박하면 사람들은 오히려 부정적인 반응을 보이며, 상대방의 주장을 받아들이지 않는다는 사실을 보여준다. 너무도 괴롭고 불쾌한 사건은 마음 깊은 곳에 억압되거나, '그럴 리 없어. 지나친 과장이야.'라고 부정하기 때문이다. 따라서 아무리 효과가 있다고 해도 지나치게 협박하는 것은 좋지 않다. 또한 레벤셜과 닐즈, 너넬리(J. C. Nunnally)와 봅렌(H. M. Bobren)이라는 심리학자의 실험에서도 역시 공포 어필을 할 때는 강도가 약한 편이 좋다는 결론을 내리고 있다.

상사가 부하직원에게 공포 어필을 사용하는 경우에는 특히 조심해야 한다. 너무 강한 공포를 사용하면 역효과를 보이기 때문이다. '요즘 젊은 애들은 비위를 맞춰주기라도 하면 머리 꼭대기까지 기어오르니까, 따끔하게 야단치는 것이 최고야.' 이런 생각으로 직원들을 엄하게 대하는 사람이 많은데 이것은 큰 착각이며 심리학 자료와도 모순된다. 공포가 어느 정도 효과를 낼 수는 있지만 너무 강하면 오히려 좋지 않은 결과만 낳는다.

원래 절대적인 권력을 가진 사람은 그 권력을 사용하지 않는 법이다. 또한 약한 개일수록 시끄럽게 짖는다는 말이 있지 않은가. 현실에서 타인의 마음을 움직일 만한 영향력을 가지려면 시끄럽게 짖지 않도록 조심해야 한다. 오히려 "그 과장은 평소에는 사람이 좋지만, 막상 일을 시작하면 아주 냉정하고 무섭지."라는 평가를 받는 정도가 가장 좋다. 한마디로 말해서 공포는 양념으로 사용하는 것이 가장 좋다는 뜻이다.

공포 어필은 크게 두 가지 요소로 되어 있다. 그 하나는 공포를 주는 것이고 다른 하나는 공포를 피할 수 있는 제안을 하는 것이다.

가장 좋은 사례가 바로 다이어트 식품 광고다. '여름은 뱃살이 그대로 보이는 계절!'이라든지 '날씬한 여성을 좋아한다, 이것이 남자의 속마음!'이라는 선전문구로 살에 대한 공포를 부추기고, '걱정하지 마시라! 하루 한 번, 이것만 먹으면…….' 하고 간단한 대책을 제시해준다.

공포 어필을 사용하는 경우에는 특히 두 번째 요소에 주의해야 한다. 아무리 협박해도 그것을 피할 수 있는 대책 마련이 쉽지 않다면 결국 헛수고가 되고 만다. 가령 '뚱뚱한 사람은 이성에게 인기가 없다'는 말로 비만에 대한 공포심을 안겨주는 것은 나쁘지 않다. 그러나 그 공포를 피하는 방법이 '매일 20킬로미터씩 조깅해야 한다'는 등 도저히 해낼 수 없는 대책이면 어떨까. 이런 대책밖에 제시할 수 없다면 처음부터 공포를 주지 않는 편이 나을 것이다. 오히려 자신을 협박했다는 나쁜 인상만 남겨 인간관계조차 나빠질 우려가 있다.

이 경우에는 상대방의 상황이나 심리까지 파악해서 적당한 대책을 제안하는 편이 좋다. 예를 들어 "사람들은 뚱뚱한 사람을 좋아하지 않아. 건강에도 별로 좋지 않고. 그러니까 일단 식후에 간단한 산책부터 시작해보면 어떨까?" 정도가 좋을 것이다. 이 정도라면 공포심도 적당히 주었고, 공포를 피하기 위한 대책도 그다지 어렵지 않으니 말이다.

공포를 피하기 위한 대책이 너무 어려우면 사람은 공포를 이기고 싶다는 마음보다는 도망치고 싶다는 마음부터 들기 마련이다. 병을 고치기 위해서 몇 달씩 입원해야 한다면, 오히려 그 병원에서 멀리 도망치고 싶지 않을까. 다시 한 번 강조하지만, 공포를 줄 때는 공포를 피할 수 있는 어렵지 않은 대책도 함께 제안해야 한다. 담배를 피우면 암에 걸린다는 식으로 공포를 주는 것은 좋다. 그러나 암을 피하기 위해 갑자기 담배를 끊으라고 제안하는 것은 별로 좋지 않다. 하루에 세 갑을 피웠다면 일단 한 갑으로 줄이라고 조언하는 정도가 좋지 않을까.

공포 어필에서 가장 어려운 점은 자신도 모르게 공포 어필을 너무 자주 사용한다는 것이다. 이것은 특히 초보자가 자주 저지르는 실수다. 앞에서도 설명했듯이, 너무 강한 공포는 오히려 역효과를 불러일으킨다. 또 약한 공포라 할지라도 상대방이 거부할 때는 절대로 강요해서는 안 된다. 사람은 자신의 주장을 받아주지 않으면 점점 화가 솟구쳐서, 저절로 공포 어필에 가까운 방법을 사용하게 된다. 붉으락푸르락한 얼굴로 화를 내거나 책상을 쾅쾅 치거나 하면서 말이다. 이런 식으로 공포를 강요하면 상대방은 몹시 민감하게 반응한다. 따라서 그런 공포 어필이 성공할 확률은 거의 없는데, 이것을 '공포 테크닉의 강요'라고 한다.

머리와 가슴이 냉정할 때는 공포 어필을 사용하는 것도 나쁘지 않다. 어느 정도의 공포를 주는 것이 효과적인지 상대방의 반응을 보면서 정확히 판단할 수 있기 때문에, 상대방이 더 이상 받아들일 수 없다고 판단하면 재빨리 중지할 수 있다. 그러나 머리끝까지 피가 솟구쳤을 때는 조절이 잘 되지 않는다. 상대방은 이미 충분한 공포를 느끼고 있는데도 계속해서 협박하게 된다. 그런 경우에 상대는 공포의 무게에 짓눌려서 숨을 쉬지 못할 수도 있다.

냉정함을 잃어버리는 순간 적절하게 대처할 수 없다는 점은 다른 테크닉의 경우도 마찬가지이지만, 공포 어필의 경우 되돌릴 수 없는 낭패로 이어질 수 있으니 조심해야 한다. 다시 한 번 강조하지만, 머리가 차갑게 식어 있지 않을 때는 공포 어필을 사용해서는 안 된다. 계속되는 공포에 숨도 쉬지 못할 정도로 짓눌리는 경우, 얼마나 분노와 증오가 솟구치는지는 누구보다 당신이 잘 알고 있지 않는가.

미묘한 말장난에 넘어가는 심리

말 한마디가 결과를 바꾼다

고대 그리스의 철학자들은 앞다투어 상대방을 설복하는 기술을 연마했다. 그들은 단순한 대화라는 영역을 뛰어넘어, 어떻게 하면 더 적절하고 간단하면서 효과적으로 설복할 수 있을지를 철저하게 연구하였다. 그리스의 재판에서 변호사를 인정하지 않은 것도 그 때문으로, 그들은 자신의 몸을 자신의 말로 지킬 수밖에 없었다. 이른바 말이 날카로운 칼이며 창인 동시에 든든한 방패였던 것이다.

말에는 신기한 마력이 숨어 있다. 때로는 사람을 화나게 만들기도 하고 때로는 기쁘게 만들기도 한다. "너는 틀렸어."라는 상사의 지나가는 한마디에 하루 종일 우울할 수도 있고, "당신은 정말 멋진 사람이에요."라는 연인의 한마디에 하늘로 올라가는 듯한 황홀한 기분을 느낄 수도 있다. 극단적으로 말하면, 사람의 감정은 상대방의 말에 따라 천국과 지옥을 왔다 갔다 하는 것이 아닐까.

미국의 성공한 출판인 가운데, 청색문고(Little Blue Books)를 만든 이매뉴얼 할데만 줄리어스라는 사람이 있다. 그는 자신이 '책의 의사'라고 큰소리쳤다. 책 제목을 약간 바꾸는 것만으로도 매출을 올릴 수 있었기 때문이다. 지금 생각해보면 그는 책의 의사라기보다 오히려 언어의 마술사에 가깝다. 말을 멋지게 사용함으로써 자신이 원하는 대로 매출을 조종했으니 말이다. 만약에 지금까지 살아 있다면 광고업계에서 엄청난 돈을 주고 스카우트하지 않았을까.

예를 들어 테오필 고티에의 《황금빛 머리칼》이라는 책은 연간 600부밖에 팔리지 않는 평범한 책이었다. 그런데 제목을 《금발의 애인을 찾아서》라고 바꾸자, 연간 매출이 5만 부를 넘어섰다. 책 내용은 전혀 손대지 않고 제목만 바꾸었는데 말이다. 책의 의사라고 큰소리친 것도 인정할 만하다.

또한 빅토르 위고의 《즐기는 왕》은 그가 《호색왕의 즐거움》이라고 제목을 바꾸기 전까지 서점에서 먼지만 뒤집어쓰고 있었다. 토머스 드퀸시의 《대화에 대하여》도 마찬가지로, 《대화숙달법》이라고 제목을 바꾼 다음에 일약 베스트셀러가 되었다. 이 두 권의 책은 사람의 욕망에 직접적으로 호소하는 제목으로 바꾸었을 뿐이다. 이런 식으로 약간 제목만 바꿔도 사람의 구매 욕구를 자극하는, 멋진 책으로 탈바꿈할 수 있다.

일본에도 비슷한 일화가 있다. 나쓰메 소세키의 명저 《나는 고양이로소이다》는 원래 그 제목이 아니었다. 나쓰메 소세키는 처음에 '고양이전'이라는 제목을 붙이려고 했다. 그러나 편집자의 주장에 따라 '나는 고양이로소이다'로 제목을 바꾸었다. 만약에 그 책이 '고양이전'이라는 제목으로 나왔다면 과연 지금까지 베스트셀러로 남아 있을 수 있었을까.

또한 때로는 이름이 바뀌면서 엄청난 붐을 일으키는 경우도 있다. '매춘'이란 말은 '원조교제'로 바뀌면서 순식간에 유행해 일본 사회에 물의를 일으키기도 했다. 이런 식으로 사람의 마음은 언어나 단어에 따라서 크게 흔들린다.

말투에 따라 달라지는 미묘한 사람의 심리

레토릭(rhetoric)은 보통 말투나 수사법, 설득기법이라고 번역하는데 심리학에서는 주로 말을 이용하여 마음을 돌리는 설득기법을 레토릭이라고 한다. 한마디로 '어떻게 말하면 사람을 설득할 수 있을까' 하는 것을 말한다.

레토릭을 처음으로 실험한 사람은 질맨(D. Zillmann)이라는 연구자로, 그는 말을 조금 바꾸는 것이 사람의 판단에 어떤 영향을 미치는지 조사하고자 했다. 질맨은 대학생들에게 '조니'라는 비행 청소년에 대해서 설명했다. 조니는 2급 살인죄(우발적 살인, 미필적고의 등의 살인죄)를 저질렀는데, 질맨은 변호사가 조니를 변호한 내용을 말하면서 약간의 레토릭을 사용했다. 어떤 대학생에게는 "조니는 착한 소년입니다."라고 일반적으로 설명하는 방식을 취하고, 다른 대학생들에게는 "조니는 착한 소년이라고 생각하지 않습니까?"라고 질문하는 방식을 취한 것이다. 질맨에 따르면 질문 방식은 판단을 상대방에게 맡김으로써 강요하지 않는 듯한 인상을 준다고 한다. 다시 말해 상대방을 기분 좋게 만든다는 것이다.

만약에 처음 보는 사람이 불쑥 "이거 굉장하군! 아주 훌륭한 상품이야!"라고 선언하듯이 말하면 어떨까. 아마 강요받는 듯한 느낌과 함께 꺼림칙한 기분이 들거나, '틀림없이 무슨 함정이 있을 것'이라며 상품에서 부정적인 요소를 찾으려고 할지도 모른다. 그러나 "어때요? 이 상품 좋은 것 같지 않나요?" 하고 부드럽게 질문하면 적어도 꺼림칙한 기분은 들지 않을 것이며, '이 상품에 어떤 좋은 점이 있을까?' 하고 긍정적인 요소를 찾으려고 할 것이다.

실제로 질맨의 실험에서도 강하게 선언하는 것보다 질문하는 방식을 취했을 때 조니의 형량이 줄어들고, 그에 대한 연민도 강해졌다고 한다.

페티와 카시오포(J. T. Cacioppo), 히새커(M. Heesacker)라는 심리학자들도 똑같은 결론에 도달했다. 대학생들이 모두 싫어하는 졸업시험을 보게 하기 위해 어떤 그룹에는 '졸업시험은 자신에게 많은 도움이 된다'고 일반적인 방법으로 설득하고, 또 다른 그룹에는 '졸업시험이 자신에게 많은 도움이 된다고 생각하지 않습니까?'라고 질문하는 방식을 취했다. 물론 후자의 레토릭이 더 효과적이라서, 질문 방식으로 설득한 학생들이 졸업시험을 더 긍정적으로 생각하였다.

이런 말투의 차이는 지극히 미묘하다. 그런데 사람의 심리는 더욱 미묘하다. 그렇기 때문에 결과가 완전히 달라지는 것이다. 똑같은 결론을 말할 때도 사용하는 말투에 따라 미묘하게 달라지는 것이 사람의 마음이다.

카너먼(D. Kahneman)과 트벨스키(A. Tversky)라는 심리학자도 미묘한 말투의 차이에 대해서 연구했다. 그들은 대학생들에게 다음과 같은 상황을 제시하고, 어느 쪽을 선택하겠느냐고 물어보았다.

1. 600명 가운데, 반드시 200명은 목숨을 구할 수 있다.
2. 600명 가운데, 3분의 1의 확률로 모든 사람을 구할 수 있다. 그러나 3분의 2의 확률로 전멸할 가능성도 있다.

당신이라면 어느 쪽을 선택할 것인가? 아마 첫 번째일 것이다. 실제로 이 양자택일의 기로에 선 사람들의 72퍼센트가 첫 번째를 선택했다. 전멸할 가능성보다는 적어도 200명을 살리는 길을 택한 것이다. 물론 이것이 합리적인 선택일지도 모른다. 그러면 다음과 같이 말한 경우에는 어떨까.

1. 600명 가운데, 반드시 400명이 죽는다.
2. 600명 가운데, 모두 사망하지 않을 가능성은 3분의 1이다. 그러나 모두 사망할 가능성은 3분의 2이다.

이 경우에는 78퍼센트가 두 번째 경우를 선택했다. 모두 사망할지도 모르지만, 모두 살 수 있는 가능성에 도전한 것이다. 그러나 사실 이 내용이 앞의 것과 똑같다는 사실을 알고 있는가? 단지 말하는 방법만 조금 바뀌었을 뿐, 내용은 완전히 같다.

600명 가운데 '반드시 200명의 목숨은 구할 수 있다'는 것과 '반드시 400명이 죽는다'는 것은 같은 내용이다. 그런데 사람이란 참으로 신기한 동물이라서 '반드시 400명이 죽는다'고 하면 갑자기 그 선택이 올바르지 않은 것처럼 보여, 확률이 3분의 1밖에 되지 않는 전원을 살린다는 위험한 선택을 한다. 말하는 방법을 조금 바꿈으로써 정반대의 선택을 하게 한다니, 이보다 무서운 일이 어디 있겠는가.

레빈(I. P. Levin)과 게스(G. J. Gaeth)라는 심리학자도 비슷한 실험을 한 적이 있다. 그들은 '지방 25%'라는 표시가 붙어 있는 고기와 '살코기 75%'라는 표시가 붙어 있는 고기를 가리키면서, 어느 쪽을 선택할 것이냐고 물어보았다. 그런데 사람들은 같은 고기인데도 '살코기 75%'라는 표시가 붙어 있는 고기를 선택하였다.

여기에서 한 가지 심리학 법칙이 등장한다. 사람은 부정적인 표현을 싫어한다는 것이다. 내용이 똑같다 하더라도 부정적인 표현에서는 왠지 꺼림칙한 기분을 느끼기 때문이다. 또한 사람은 이득이 되는 요인보다 손해가 되는 요인에 시선이 향하게 마련이다. 따라서 600명 가운데 200명이 산다는 말보다는 반드시 400명이 죽는다는 말에 눈길이 쏠리고, 절대로 죽여서는 안 된다고 생각해서 민감하게 반응하는 것이다. 그리고 '살코기 75%'보다 '지방 25%'라는 말에 민감하게 반응하여, '왜 그렇게 지방이 많지?'라는 생각이 들기 때문에 '지방 25%' 쪽을 피하는 것이다.

사람을 설득하는 말하기

세일즈맨처럼 물건을 파는 사람들이 신입사원 연수 시절에 귀에 딱지가 앉을 정도로 많이 듣는 말이 있다. 바로 말투를 조심하라는 말이다. 그렇다면 왜 그렇게 말투가 중요한가? 대답은 간단하다. 말투에 따라서 그 사람의 이미지가 180도 바뀌기 때문이다.

이것은 물건을 파는 데에만 해당되는 것이 아니라 대인관계에서도 마찬가지가 아닐까. 사람은 누구나 따뜻한 말을 원하는 법이니까 말이다. 가령 연인이 약속 시간에 늦었거나, 거래처에서 정해진 시간보다 늦게 물건을 보냈다고 하자. 아마 대부분의 사람들은 시퍼렇게 날을 세우며 약속을 어겼다고 상대방을 추궁할 것이다. 상대방에게도 나름대로 사정이 있을 텐데, 그 사정은 들어보지도 않고 거짓말쟁이라고 몰아붙이면 관계만 악화된다.

그렇다면 이런 경우에는 어떻게 하는 것이 좋을까. 이때는 '조금 실망했다', '많이 불안했다'는 식으로 적당히 타일러야 한다. 그 편이 분노를 터뜨리는 것보다 훨씬 효과적이다. 다시 말해 화내지 말고, '내가 이렇게 기분이 상해 있는 것은 누구 탓일까?' 하는 정도의 암시만 주어야 한다. 그러면 상대방도 반발하지 않고, 앞으로 조심하겠다고 순순히 사과할 것이다.

어떤 사실이 있을 때, 내용은 바꾸지 않은 채 말의 느낌만 살짝 바꾸면 어떻게 될까. 그러면 사실을 바꾸지 않고도 얼마든지 상대방을 설복할 수 있지 않을까.

로마 시대의 인물 키케로는 레토릭을 이용해 살인범을 무죄로 만든 적이 있다. '그는 분명히 죄를 저질렀다. 그러나 고의가 아니었다'고 범죄 행위의 내용을 바꾸는 테크닉을 사용한 것이다. 이어서 키케로는 "그는 살인범이다. 그러나 그가 살해한 사람은 도저히 인간이라고 부를 수 없는 자였다. 그가 죽이지 않았더라도 언젠가는 살해당했을 것이다."라는 말도 사용했다. 이 말들에서 '그는 살인범'이라는 사실은 달라지지 않았지만, 그 안에 녹아 있는 의미는 완전히 달라졌다. 그건 변명이라고 생각할 수도 있다. 그러나 의미가 달라지면 사실도 달라지고 그것을 받아들이는 사람들의 마음도 달라진다. 놀랍지 않은가? 다음 이야기를 단순히 웃고 넘길 수 있을까.

퇴근한 남편에게 아내가 무거운 표정으로 입을 열었다.

"아이의 장래가 걱정이에요."

"또 무슨 짓을 저질렀소?"

아내는 오늘 일어난 사건을 남편에게 털어놓았다.

"오늘 오후에 아이에게 심부름을 시켰어요. 시장에 가서 고기와 야채를 사오라고요. 그런데 어떻게 한 줄 알아요? 자기는 가지 않고 옆집 아이에게 대신 심부름을 시킨 거예요. 옆집 아주머니가 펄펄 뛰면서 화를 내더군요. 나중에 커서도 계속 사람을 속이지 않을까 걱정이에요."

그 말을 들은 남편은 손뼉을 치며 웃음을 터뜨렸다.

"굉장하군! 녀석에게는 경영 능력이 있어!"

"아, 그러고 보니 그러네요. 내일 아침에 일어나면 칭찬해줘야겠어요."

이것도 일종의 의미 전환이다. 아들이 자신의 심부름을 옆집 아이에게 시킨 것은 어떤 면에서 보면 영악하고 교활한 행동이라고 할 수 있다. 그러나 시점을 바꾸어서 생각하면, 아들에게 사람을 교묘하게 부리는 재능이 있다고 생각할 수도 있지 않은가. 아버지는 아들의 그런 능력을 간파한 것이다. 이런 식으로 사실이 가진 의미를 간파하는 레토릭은 아주 중요하다. 자신이 생각지도 못한 새로운 의미를 깨달으면, 상대방도 "그렇군!" 하고 순수하게 받아들일 수 있기 때문이다.

말에는 두 가지 의미가 포함되어 있는 경우가 많다. 그럴 때는 신경을 날카롭게 곤두세우고 들어야 한다. 왜냐하면 레토릭이 숨어 있을 여지가 많기 때문이다. 이런 점을 이용한 사기가 종종 일어나는데, 이것은 말을 이용한 '불의의 습격'이나 마찬가지다. 이런 불의의 습격을 피하기 위해서는 두 가지 의미를 지닌 말들을 알아둘 필요가 있다.

사례를 살펴보자. 점쟁이가 자주 사용하는 말 중에 이런 것이 있다. "당신의 아버지는 돌아가시지 않았군요." 이 말에 맞다며 무릎을 쳐서는 안 된다. 이것은 어느 쪽으로도 해석할 수 있는 교묘한 낚싯밥이기 때문이다. '돌아가시지 않았다'는 말은 '살아 있다'는 뜻으로 해석할 수도 있고, '아직 저세상으로 가지 못해 귀신이 되어 구천을 떠돌고 있다'는 뜻으로 해석할 수도 있다. 점쟁이들 중에는 자신에 대한 신뢰감을 높이기 위해서 이런 종류의 말을 사용하는 사람이 많다. 주머니에서 쓸데없는 돈이 빠져나가는 것을 방지하고 싶다면 말의 진정한 의미를 곰곰이 생각해보기 바란다.

이런 경우도 있다. 전화로 가정용 소화기를 파는 영업사원의 이야기다. "우리 집은 괜찮아요. 됐어요." 하고 거절하려고 하면 '괜찮다'는 말을 승낙의 뜻으로 착각한 척하며, "그러면 즉시 보내드리겠습니다."라고 전화를 끊는 경우가 있다. 이것은 고전적인 사기수법이지만 지금도 넘어가는 사람이 적지 않다. 상대방이 이런 레토릭을 사용하면 필요 없다거나 "장난치지 말라"고 강하게 대처해야 한다. 이럴 때 상대방을 부드럽게 대하는 것은 사기의 지뢰밭에 발을 집어넣는 것과 같은 행동이다.

회사의 이름을 말할 때, 그 이름의 성격만으로 잘못 판단하는 경우도 조심해야 한다. 그곳에 레토릭이 잠입할 가능성이 높다는 사실을 잊어서는 안 된다. 가령 어디에 근무하느냐는 질문에 상대방이 "전국학력검증위원회에서 근무합니다."라고 대답했다고 치자. 이름만 듣고는 교육부 산하의 권위 있는 공식조직인 줄 착각하기 쉽다. 실제 '전국학력검증위원회'가 사설학원에 불과하더라도 말이다.

또 이해하기 쉽게 말하면 될 것을 일부러 어렵게 말함으로써 착각하게 만드는 경우도 있다. 예를 들어 태양열건조기라는 말을 들으면 어떤 느낌이 드는가. 자연의 빛으로 옷을 말리기 때문에 인체에 나쁜 영향이 없는 태양열건조기가 있다고 한다면, 건강에 신경 쓰는 현대인에게는 참으로 반가운 소식이 아닐 수 없다. 그러나 그 말만 믿고 사기로 한 물건을 받아보면 그 자리에 주저앉을 것이다. 태양열건조기의 정체는 빨랫줄이기 때문이다. 때로는 영어로 속이는 경우도 있다. '솔리드 스테이트 푸드 서버' 라고 하면 왠지 그럴듯하고 멋진 느낌이 든다. 그러나 이것도 물건이 도착하면 실소가 날 것이다. '솔리드 스테이트 푸드 서버'란 '스테인리스 숟가락'을 말한다.

덤을 공짜라고 생각하는 심리

덤은 정말 공짜로 따라오는 것일까

댓츠 낫 올 테크닉(that's not all technique)이라는 것이 있다. 상대방이 대답하기 전에 멋진 제안을 덧붙여서 상대방을 혼란시키는 방법이다. 일반적으로 '끼워 팔기' 수법도 여기에 속한다. "이 전동칫솔만 드리는 게 아니라, 이를 새하얗게 만드는 독일제 치약도 같이 드립니다." 아마 이런 판매 방식은 홈쇼핑에서 많이 보아왔을 것이다. 또 '랜덤박스'라는 판매 방식도 같은 전략이다. 1만 원어치 상품이 들어 있는 랜덤박스가 단돈 5,000원이라는 말을 들으면 솔깃해진다. 게다가 한 사람에 한 개씩만 살 수 있다는 단서가 붙으면, 오히려 사고 싶지 않은 것이 이상하지 않을까. 이 세상에 사람처럼 숫자에 쉽게 넘어가는 동물은 없을 것이다.

원래 전동칫솔의 금액이 2만 5,000원이고, 독일제 치약이 5,000

원이라고 하자. 두 상품을 합하면 모두 3만 원이다. 그러나 전동칫솔의 가격을 미리 3만 원으로 책정하고 치약을 덤이라고 하면 어떨까. 두 상품의 합계가 원래 3만 원이기 때문에 파는 사람은 손해 보지 않는다. 그러나 소비자는 그렇게 생각하지 않는다. '독일제 치약이 덤으로 따라오다니, 반드시 사야겠군.' 애초부터 독일제 치약의 가격까지 포함되어 있다고는 꿈에도 생각하지 못하는 것이다.

랜덤박스도 마찬가지다. 1만 원 상당의 상품을 넣고 5,000원에 판다고 하면, 왠지 5,000원을 번 것 같은 착각에 빠진다. 이것도 숫자에 속아 넘어가는 것이다. 장사꾼이 뭐가 아쉬워서 처음 보는 당신에게 손해를 보면서 물건을 팔겠는가.

그러면 일상생활로 눈길을 돌려보자. 예를 들어 리바이스 청바지를 사러 백화점에 갔다고 하자. 당신이 원하는 것은 리바이스 청바지이지 다른 회사의 청바지가 아니다. 그렇기 때문에 아무리 가격이 싸다고 해도 마음에 들지 않는 청바지는 사지 않을 것이다. 그러나 끼워 팔기 상품에는 약해지고 만다. 그 상품을 원하느냐 원하지 않느냐에 상관없이 오로지 숫자만을 생각하고, '독일제 치약까지 끼워주면 나에게는 이익'이라고 생각하기 때문이다.

단, 이런 심리를 이용하는 데에도 약점은 있다. 꼭 성사시켜야 하는 거래나 맞선과 같은 중요한 자리에서는 사용하지 않는 편이 좋다. 이런 방법은 어디까지나 작은 사냥감을 잡을 때 사용하는 도구로, 큰 사냥감을 잡을 때는 맞지 않다. 이것을 증명한 사람은 폴락(C. L. Pollock)이라는 심리학자인데, 그는 1998년에 다음과 같은 실험을 했다.

폴락은 '이 초콜릿은 원래 1달러 25센트이지만 1달러에 드리겠습니다'라는 광고를 내걸었다. 그러자 매출이 폭발적으로 늘어났다. 여기까지는 당연한 일이다. 그러나 그다음에 '6달러 25센트짜리 초콜릿을 5달러에 드리겠습니다'라고 광고했을 때는 생각처럼 매출이 늘어나지 않았다. 할인 폭은 6달러 25센트에서 5달러로 깎아주는 것이 1달러 25센트에서 1달러로 깎아주는 것보다 큰데도 말이다. 그 이유는 무엇일까. 그것은 소비자의 눈에 '5달러씩이나 내고 사는 것은 돈이 아깝다'는 손실 측면이 들어왔기 때문이다.

여기에서 내릴 수 있는 결론은, 금액이 커지면 덤을 덤으로 생각하지 않고 할인을 할인으로 생각하지 않는다는 것이다. 따라서 이런 경우에는 구태여 할인이라는 단어를 붙이지 않는 편이 낫다.

희소성에 끌리는 심리

기간을 정한다

"오늘만 10% 할인!" "지금 이 시간에만 반액으로 판매!"

이런 판매 방식은 어디에서나 쉽게 찾아볼 수 있다. 이런 식으로 기간을 한정하여 사람의 심리를 이용하는 것을 기간한정 테크닉 혹은 데드라인 테크닉(deadline technique)이라고 한다. 그런데 가격을 내려서 매출이 늘어난다면 시간을 한정할 게 아니라 언제까지나 계속하는 편이 낫지 않을까. 가격을 내려도 그만큼 판매량이 늘어나면 결국 매출이 늘어나니까 말이다.

그러나 기간을 설정하는 데에는 그럴 만한 이유가 있다. 그것은 지금 구입하지 않으면 없어진다는 점을 강조하고 소비자의 불안을 부추기기 위해서다. 이 불안이라는 감정은 무엇인가를 결정하는 데 강한 압력으로 작용한다.

고등학교나 대학입시학원에서 '대학입시까지 앞으로 100일!'이라는 표어를 본 적이 있을 것이다. 왜 그런 포스터를 붙이는 것일까. 아무리 수험생이 정신이 없다고 하더라도, 시험까지 앞으로 어느 정도 남았는지는 달력만 보면 쉽게 알 수 있는데 말이다. 이유는 다른 데 있다. 앞으로 공부할 시간에 한계가 있다는 사실을 강조함으로써 수험생의 불안을 부추기고, 공부 의욕을 이끌어내기 위해서다. 우리는 어릴 때부터 시간을 꼭 지키라는 말을 귀가 따갑도록 들으면서 성장했다. 약속 시간에 늦는 사람이나 약속한 날짜를 지키지 않는 거래처는 어떤 이유에서든 따가운 눈총을 받는다. 그렇기 때문에 기간한정 테크닉은 뛰어난 효과를 발휘한다. 그리고 오늘 할 일을 내일로 미루지 말아야 한다는 말도 수없이 들었기 때문에 수험생들은 기간이 제한되면 자신도 모르게 열정을 불태우는 것이다. 또한 회사에서도 다들 달력이나 업무 일정에 빡빡한 작업 내용이 적혀 있는 스케줄표를 사용하고 있다. 한마디로 말해서, 사람은 누구나 기간한정 테크닉을 사용할 수 있다. 더구나 스스로를 움직이는 수단으로도 말이다.

희소가치를 노린다

기간한정과 비슷한 것으로 개수한정 테크닉이 있다. 기간한정과 개수한정을 합쳐서 '한정적 테크닉'이라고 하는 사람도 있다. 아마 '100개 한정!' '선착순 500명!'이라는 광고를 못 본 사람은 없을 것이다. 이것은 개수를 한정하여 이득을 보고자 하는 수법으로, 인간에게는 개수가 한정되어 있다고 생각하면 무슨 수를 써서라도 그것을 손에 넣고 싶어 하는 심리가 있다. 고급 브랜드 제품의 가격이 비싼 이유는 개수가 한정되어 있기 때문이라는 사실에 이의를 제기할 사람은 아무도 없을 것이다.

우표를 생각해보면 쉽게 알 수 있다. 우표 수집가들이 찾는 우표 중 가장 비싼 것은 잘못 인쇄된 우표다. 그것도 우체국 소인이 찍힌 것이라면 더할 나위가 없다. 이미 소인이 찍혀서 사용할 수도 없는데 왜 비싼 가격에 팔리는 것일까? 이 세상에 단 하나밖에 없기 때문이다. 지폐도 인쇄소의 실수로 잘못 인쇄되면 비싼 가격으로 수집가의 손에 들어간다. 이런 기묘한 현상의 배경에는 사람의 이상한 심리가 작용하고 있다. 즉 사람들은 개수가 한정되어 있는 것은 비싸다고 생각하는 것이다.

우리는 두 번의 오일쇼크를 경험했다. 그때마다 화장지와 설탕, 라면이 모두 품절되는 혼란을 겪었다. 그러나 곰곰이 생각해보라. 화장지와 설탕이 생활에 필요한 물건이기는 하지만 당장 하루 만에 모두 사용해버리는 물건은 아니다. 한번 구입하면 며칠에서 몇 달까지도 버틸 수 있다. 그러나 화장지가 없다는 소문이 퍼지자 많은 주부들이 슈퍼마켓으로 몰려들었다. 그리고 별로 필요하지도 않은 화장지를 한 아름씩 사들였다. 슈퍼마켓에도 재고가 별로 많지 않기 때문에 화장지는 금방 품절되고 만다. 그리고 뒤늦게 그 소문을 들은 주부들은 '역시 화장지가 없다'고 당황해하면서, 어떻게 해서든지 구입하려고 발버둥 친다. 결과적으로 개수한정 테크닉을 쓴

것과 가까운 상황이 나타나면서 화장지 가격이 폭등한다.

개수한정 테크닉은 사람에게도 사용할 수 있다. "개성이 있군요."라는 말은 이것은 성격에 대한 개수한정 테크닉이다. 개성이란 다른 사람은 가지고 있지 않은 특별한 것이며, 따라서 모든 사람들이 개성 있다는 말을 듣고 싶어 한다. 지능 지수가 높은 사람도 소수이기 때문에 모든 사람의 동경의 대상이 되는 것이다.

손에 넣기 힘들다고 생각하게 만든다

이 세상에는 아무리 간절하게 원해도 손에 잡히지 않는 것이 있다. 모든 사람이 동경하는 아름다운 여인이 그럴 것이고, 하나에 수억 원씩 한다는 물방울 다이아몬드가 그럴 것이고, 10세기의 유명한 화가가 그린 그림도 그럴 것이다.

그런데 사람에게는 참으로 기묘한 성질이 있다. 만지지 말라고 하면 무슨 수를 써서라도 만지고 싶고, 이것을 하지 마라 저것을 하지 마라 하면 오히려 그것을 해야만 직성이 풀린다. 그렇기 때문에 모든 남자들이 아름다운 여인을 동경하고 꿈속에서까지 열렬하게 사모하는 것이다. 인간의 모험심이나 도전정신은 쉽게 손에 넣을 수 없는 것을 어떻게 해서라도 차지하려고 발버둥 치는 사이에 태어나는 것이 아닐까.

이런 심리를 이용한 것을 하드 투 겟 테크닉(hard to get technique)이라고 한다. 구태여 번역하자면 '손에 넣기 힘든 것을 당신에게만 제공하겠습니다'라는 뜻이다.

가장 흔한 수법이 "이것은 우리나라에서 구할 수 없는 귀한 상품입니다."라는 권유나(물론 거짓말이다) "우리나라 전체에 세 대밖에 없는 자동차입니다."라는 말이다. 그런 말은 사람들의 호기심을 자극해서, '구경하는 것쯤이야 상관없겠지.'라고 생각하게 만든다. 사람을 고용해서 자기 회사의 물건을 구입하게 하거나, 일부러 적은 수량만을 생산해서 품절을 일으키는 것도 하드 투 겟 테크닉을 사용하는 경우다.

기간한정과 개수한정 그리고 하드 투 겟, 이 세 가지 테크닉을 한꺼번에 묶어서 생각한 심리학자도 있다. 이 세 가지 테크닉을 '희소성'이라는 특성으로 설명할 수 있다는 것이다. 치알디니의 설명에 따르면 우리의 머릿속은 다음과 같이 움직인다고 한다.

사람은 얻기 힘든 물건에 눈길이 쏠리고, 그것에 대해서 생각하는 시간이 늘어난다. 그리고 오래 생각하면 할수록 구매욕은 강해질 수밖에 없다.

기간을 한정하든 개수를 한정하든, 결국 한계가 있다는 것을 강조할 뿐이다. 그런데 그것에 빠져들어 자신도 모르게 속아 넘어가다니, 정말 사람이란 동물은 신기하지 않은가.

경험 없는 지식은 진정한 지식이 아니다

지금까지 여러 가지 심리학을 이용한 설득 이론에 대해서 설명했다. '예전에 이런 심리를 이용당했구나!' 하고 아픈 추억을 떠올린 사람도 있을 것이고, '이 광고는 이런 테크닉을 이용한 것이구나.' 하고 새삼스럽게 깨달은 사람도 있을 것이며, '내가 자주 사용한 방법에 이런 심리학 이론이 있었구나.'라고 신기하게 생각한 사람도 있을 것이다. 그만큼 설득 이론이 우리와 가깝다. 다만 대부분의 사람들이 분명하게 의식하지 못할 뿐이다.

지금까지 설명한 설득 이론을 알고 있는 사람도 많을 것이다. 그러나 멋지게 사용할 수 있는 좋은 무기인데도, 실제로 활용하는 사람은 그렇게 많지 않다.

아무리 좋은 무기를 가지고 있더라도 사용하지 않으면 무슨 소용이 있겠는가. 프로야구 선수 중에 구입한 지 얼마 안 되는 최신 글러브와 스파이크를 신고 시합에 임하는 사람은 없다. 자신에게 익숙한 장비가 아니면 막상 시합에 나갔을 때 제대로 실력을 보여주기 힘들기 때문이다. 심리 설득도 마찬가지다. 아무리 머리로 알고 있다고 해도 실제로 사용하지 않으면 무용지물이다. 이렇게 좋은 테크닉을 눈을 뻔히 뜨고 쓰레기통에 버린다면 너무 아깝지 않은가. 심리학 설득 이론도 마찬가지다. 아무리 머리로 알고 있다고 해도 실제로 사용하지 않으면 무용지물이다. 이렇게 좋은 테크닉을 눈을 뻔히 뜨고 쓰레기통에 버린다면 너무 아깝지 않은가. 예전에 병사들은 하루도 빼놓지 않고 무기를 손질했다고 한다. 알고 있는 것과 그 저의를 파악하고 실생활에 적용하는 것은 전혀 다른 문제다.

지금까지 설득의 원리를 모르면서도 멋지게 사용한 사람이 있을 것이다. 만약 그렇다면 앞으로는 이론과 행동을 겸비한 설득의 달인이 되기 바란다. 만일 자신의 생각대로 되지 않는다면 왜 되지 않는지, 다음에는 어떤 전략으로 나가야 하는지, 하나씩 단계를 밟아가며 적용하면 좋은 결과를 볼 수 있다.

여기에서 간과해서는 안 될 중요한 사항이 있다. 바로 자신의 특성과 장점을 발견하는 것이다. 지금까지 설명한 모든 이론을 자유자재로 간파하고 적용하면 그보다 더 좋은 일이 없겠지만, 사람인 이상 잘하는 분야와 못하는 분야가 있게 마련이다. 따라서 자신의 성격에 맞는 이론을 찾는 것이 중요하다.

만약에 당신이 소극적인 성격이라면 공포 어필은 사용하기 힘들 것이다. 가령 성공했다고 하더라도 자신에게 맞지 않는다고 생각할 가능성이 높다. 그러나 로 볼 테크닉은 멋지게 이용할 수도 있다. 이런 식으로 자신의 장점을 알기 위해서는 평소에도 설득 테크닉을 사용하고 그 이점을 깨닫는 것이 중요하지 않을까. 마지막으로 심리학자인 윌리엄 제임스의 말을 소개하고 싶다.

"무엇이든지 경험을 쌓지 않으면 진정한 지식이라고는 부를 수 없다."

4

고전 속의 심리학

위대한 전략가들의 노하우는 무엇인가

경영자와 관리자들은 끊임없이 고민한다. 어떻게 직원들을 잘 관리하고 부릴 것인가를. 고대의 통치자들도 이와 같은 고민을 해왔다. 어떻게 하면 신하들을 제대로 부릴 수 있을까를. 이 세상의 남자와 여자 들은 모두 고민한다. 어떻게 하면 이성에게 사랑받을 수 있을까, 어떻게 하면 멋지게 유혹할 수 있을까 하고. 비슷한 고민을 고대의 군주들도 했다. 어떻게 하면 백성들에게 사랑받을 수 있을까, 어떻게 하면 신하들의 마음을 사로잡을 수 있을까 하고 말이다. 그리고 그들은 그 방법을 선 인들의 말과 글 속에서 찾아냈다.

과거 군주의 고민이나 현재를 살아가는 현대인들이 껴안고 있는 고민 사이에는 별다른 차이가 없다. 사람들은 동서고금, 남녀노소를 막론하고 똑같은 문제를 고민한다. 그렇기 때문에 어떻게 하면 전쟁에서 승리할 수 있을까, 어떻게 하면 신하들을 제대로 부릴 수 있을까, 어떤 전략을 사용하면 부국강병을 실현해서 명군이라는 칭호를 얻을 수 있을까 하는 고민은 현대에도 그대로 이어진다. 어떻게 하면 경쟁사회에서 승리할 수 있을까, 어떻게 하면 부하직원에게서 의욕을 끌어낼 수 있을까, 어떻게 하면 좋은 가정을 꾸릴 수 있을까 하는 식으로 말이다. 지금부터 역사적으로 위대한 전략가들은 이런 고민들을 어떻게 풀어갔는지 그 비법을 알아보자.

사람은 자기보다 강한 사람에게 끌린다

강한 사람은 태어나는 것이 아니라 만들어지는 것이다

대중들은 어중간한 사람이나 약한 사람에게는 결코 복종하지 않는다. 여성이 약한 자들을 직접 지배하기보다는 오히려 강한 자를 좋아하듯이, 대중도 약한 지도자보다는 오히려 강한 지배자를 좋아한다.

히틀러,《나의 투쟁》

미리 밝혀두지만, 이 글을 인용한 이유는 히틀러에게 찬사를 보내기 위해서도 여성을 차별하기 위해서도 아니다.

"사람은 자기보다 강한 사람에게 이끌린다."

이 법칙을 강조하기 위해서다. 이것은 단순하지만 아주 중요한 법칙이다. 한마디로 말하자면 사람은 자기보다 강한 사람의 말을 받아들인다. 인간적으로 성숙한 사람은 다르지만 대부분의 사람은 자기보다 아랫사람의 말에는 귀 기울이지 않는 법이다.

가령 평소에 경멸하던 사람이 어떤 기획안을 제시했다고 하자. 당신은 일단 예의상 "흠, 좋군요." 하고 형식적으로 대답할지도 모른다. 그러나 가슴에 손을 얹고 마음의 소리를 들어보라. 그러면 또다른 자신이 그런 자신의 행동을 비웃고 있지는 않은가. "그런 기획이 잘될 리가 없지." "건방진 녀석! 감히 나를 가르치려고 들다니!"

물론 여기에서 말하는 강함은 육체적인 힘이나 사회적인 지위만을 가리키는 것은 아니다. 여기에서 말하는 강함은 결정된 틀이 아니라 상황에 따라서 변한다. 책상 위에 발을 올려놓고 낮잠을 자는 사장들도 집에서는 아내와 자식에게 고개를 들지 못하는 가장일 수 있다. 그런 경우를 생각해보면 이해하기 쉽지 않을까.

또한 대부분의 사람이 어떤 특정한 사람에게 주눅 드는 경우가 있다. 예를 들어 의사가 이런 말을 했다고 하자.

"약을 처방해드릴 테니, 반드시 식후에 드십시오."

이것은 의사의 명령이다. 당신이 이 명령을 거역할 수 있을까? 당신이 아무리 고집불통에다 독불장군이라고 하더라도, 어머니의 말을 잘 듣는 아이처럼 순순히 의사의 말을 따를 것이다. '이 사람은 진짜 의사일까? 하얀 가운을 입고는 있지만 어쩌면 돌팔이일지도 모른다.' 이렇게 의심의 눈초리로 바라보는 사람이 백 명 가운데 한 명이나 있을까 말까다. 또 개중에 자신을 죽이기 위해 독을 넣었다고 생각해서 약을 하수구에 버리는 사람이 있을지도 모르지만, 정상적인 사람 중에는 눈을 씻고 찾아봐도 그렇게 행동하는 사람은 없을 것이다. 아무리 의사라고 해도 하얀 가운을 벗으면 평범한 사람에 지나지 않는다. 모든 의사들이 도덕적으로나 인격적으로 뛰어나다고 할 수 없고, 특히 육체적으로 뛰어난 것은 더더욱 아니다. 그러나 의사의 말은 거역하기 힘든 절대적인 힘을 가지고 있다. 왜일까.

그다음으로 거역하기 힘든 사람이 있다면 경찰관일 것이다. 때로는 불쾌한 기분이 들 정도로 뻔뻔스럽게 말을 해도 경찰관의 말을 거역하는 사람은 거의 없다. "어서 운전면허증이나 내놔요!" 하는 기분 나쁜 어투의 명령에도, 소금에 절인 배추처럼 고개를 들지 못한다. 요즘은 인터넷에서 쉽게 군인이나 경찰관 제복을 구할 수 있다. 그런데도 '혹시 가짜가 아닐까?' 의심하는 사람은 거의 없으며, 시키는 대로 순순히 운전면허증을 꺼내놓게 된다.

어떤 경찰관들은 오히려 범죄자처럼 무섭게 생기고 체격도 좋아서, 몸으로 부딪혀 싸우더라도 이길 수 있을 것 같지 않다. 법적으로 대결하면 더욱 그렇다. 그러나 그런 차원을 뛰어넘어서 당신은 이미 심적으로 밀리고 있다. 왜냐하면 이기겠다는 마음이 없기 때문이다.

이렇게 기묘한 현상의 원인은 어디에 있을까. 만약 이런 상황이 의사나 경찰에만 한정되어 있지 않다면, 우리도 그 메커니즘을 이용해 심리적으로 우위에 설 수 있지 않을까.

강한 사람에게는 특별한 것이 있다

강한 사람에게는 거역할 수 없다. 지극히 당연한 말 같지만 여기에는 특별한 이유가 있다. 그 열쇠는 사람의 인지(認知) 메커니즘이 쥐고 있다.

　사람은 모든 대상에 대해서 자기 나름의 이미지를 형성한다. 이를 사회심리학에서는 '스테레오 타입(stereo type, 사회현상을 자기가 받아들이기 쉬운 이미지로 파악하는 것) 이론'이라고 한다. 다시 말해 우리는 머릿속에 '의사는 이러하고 경찰관은 저러하다'는 이미지를 가지고 있다는 뜻이다. 더구나 그 이미지는 같은 사회를 살아가는 사람들 모두가 비슷하게 가지고 있다. 따라서 '의사는 어떤 사람인가'라는 질문에 대해 대부분의 사람들은 다음과 같이 대답할 것이다.

　첫째, 하얀 가운을 입고 있다.
　둘째, 의학 분야의 전문지식을 가지고 있다.

　이것은 같은 사회에서 생활하는 사람들이 모두 공유하는 생각, 즉 '스테레오 타입'이다. 또한 의식에는 좀처럼 등장하지 않지만, 의식의 밑바닥에는 다음과 같은 생각이 자리 잡고 있다.

　셋째, 의사의 말은 순순히 따라야 한다.
　넷째, 의사의 말을 듣지 않으면 병이 더 악화될 수도 있다.

　이런 생각이 머릿속에서 서로 이어져 인지 네트워크를 형성한다. 그래서 한 가지 생각이 떠오르면 거기에 연결된 다른 생각까지 떠오르는 것이다. 즉 이 네 가지 생각은 따로따로 존재하는 것이 아니라 서로 연결되어 있기 때문에, 하얀 가운을 입고 있는 사람의 말은 반드시 들어야 한다고 생각하게 된다.

사람의 인지과정은 총알과도 같다. 일단 방아쇠를 당기면 총알은 멈추지 않는다. 한번 발사하면 그것으로 끝, 어딘가에 맞을 때까지 운동을 계속한다. 이와 마찬가지로 사고의 흐름도 일단 시작하면 좀처럼 멈추지 않는다.

그렇기 때문에 사람의 사고는 하얀 가운을 입은 사람이 있다는 데에서 끝나지 않고, 하얀 가운을 입은 사람의 말은 잘 들어야 한다는 종착역까지 계속 달린다. 그래서 "가정 진료 서비스를 나왔습니다."라고 하얀 가운을 입은 사람이 현관에 나타나면 갑자기 당황해서, 가정용 상비약을 비싼 값으로 파는 사기에 걸리는 사람이 끊이지 않는 것이다.

히틀러는 어이없을 정도로 마음이 약한 사람이었다. 회의 도중에 갑자기 울음을 터뜨린 일도 한두 번이 아니다. 그러나 대중 앞에 나타날 때나 TV에 비칠 때는 한 번도 의연한 모습을 잃은 적이 없다. 그는 중후한 느낌이 있는 군복을 입어 강한 이미지를 강조함으로써 자신의 의견을 밀어붙이는 데 성공했다.

아무리 나약한 사람이라도 수염을 기르고 머리를 밤톨처럼 빡빡 깎으면 터프하게 보이고, 머리를 새빨갛게 물들이면 인상이 강해 보인다. 또 굽이 높은 구두를 신어서 상대방보다 키가 커지면 그것만으로도 위압감을 줄 수 있다. 닉슨은 대통령 선거전 당시 항상 발밑에 연단을 놓아 키를 크게 보이도록 함으로써 선거를 유리하게 이끌었다고 한다.

강한 사람이 심리적으로 우위에 선다고 하면 그건 너무 당연한 거 아니냐고 반문하거나 강한 사람이 되려면 어떻게 해야 하느냐고 되물을 것이다. 그러나 여기에서 가장 중요한 것은, '강함'이라는 것은 사람의 단순한 착각에 지나지 않는다는 사실이다. 강함은 연출할 수 있고 그것을 효과적으로 사용하면 충분히 나를 지킬 수 있다.

어떻게 해야 강함을 연출할 수 있을지 모르겠다거나, 생각만 해도 골치가 지끈거린다면 내일 하루라도 좋으니 스스로 '나는 강한 사람이다!' 생각하고, 배우처럼 강한 사람을 연기하는 것부터 시작해보는 것도 방법이다. 사람들 보는 앞에서 하는 것이 쑥스럽다면 출퇴근하는 지하철 안에서라도 해보는 것이 어떨까. 그러면 자세와 표정, 목소리의 톤에서 마음까지 평소와는 다른 점을 발견할 수 있다. 반대로 다음 날에는 약한 사람을 연기해보면 그 차이를 더 확실히 알 수 있다. 평소에 그런 훈련을 쌓아가다 보면 심리적으로 부딪힐 때 남들을 압도하는 강한 사람이 될 수 있을 것이다.

한곳으로 힘을 집중하라!

상식적인 방법으로는 상식적인 결과밖에 얻을 수 없다

결전을 눈앞에 둔 공격자는 병력을 분산시켜서는 안 된다. 병력의 분산은 대부분 상황을 제대로 파악하지 못하는 데서 오는 실수다. 또한 전진하는 대오의 간격은 동시에 행동할 수 없을 정도로 떨어져 있어서는 안 된다. 적이 병력을 분산하는 순간, 상황은 공격자에게 더욱 유리해진다.

클라우제비츠, 《전쟁론》

카를 폰 클라우제비츠는 1780년 프로이센에서 태어났다. 그는 《전쟁론》에서 전쟁은 정치의 한 수단이며, 정치에서의 외교, 경영에서의 교섭에도 전쟁과 똑같은 법칙이 적용된다고 말했다. 손무의 《손자병법》이 추상적인 데 비해, 클라우제비츠의 《전쟁론》은 매우 구체적이다.

경마의 프로 도박꾼은 아마추어 도박꾼처럼 이 말도 좋고 저 말도 좋다고 생각하지 않는다. 가능한 한 소수, 될 수 있으면 한 마리의 말을 정해서 거기에 돈을 쏟아붓는다. 또한 모든 레이스에 돈을 걸지도 않는다. 강한 자신감이 있는 레이스에만 승부를 건다.

'한 점 돌파'는 최고의 공격력을 가진다. 상대방에 비해서 세력이 약할 때 강자에게 이길 수 있는 방법은 한 점 돌파밖에 없다. 전력을 모두 한곳에 모으고, 그 외의 상황에는 전혀 눈길을 돌리지 않는 것이다.

단, 여기에는 주의사항이 있다. 실력이 엇비슷한 경우나 패배하더라도 장기간에 걸쳐서 싸울 가능성이 있는 경우에 한 점 돌파는 오히려 위험하다. 이럴 때 한 점에서 돌파하려고 하면 자칫하다가는 다시는 일어설 수 없을 정도로 완벽하게 패배할 수도 있으므로, 그런 경우에는 종합적인 힘으로 승부하는 편이 좋다.

그러나 상대방에 비해서 몹시 취약한 처지에 놓여 있다면 위험한 다리를 건너야만 한다. 상식적인 전략만 사용하면 상식적인 결과밖에 얻을 수 없다. 상식적으로만 대처해서는 아무리 오랜 세월이 지나도 강자에게 승리할 수 없다. 어느 한 분야에 특기가 있다면, 특히 그것이 강자의 약점을 찌르는 것이라면 아무리 불리한 처지에 놓여 있더라도 강자에게 도전할 수 있다.

한 점 돌파를 시도하라

한 점 돌파의 효과를 앞에서 나온 '강한 사람이 승리한다'와 연결해서 생각해보자.

'나는 강하다'는 자신감이 있으면, 자기도 모르는 사이에 말투나 행동에서 강함이 배어 나오는 법이다. 아마 자신 있는 분야에 대해서 말하고 있는 스스로의 모습을 떠올리면 쉽게 이해할 수 있을 것이다. 또한 누군가에게 설득당하는 경우를 상상해보면 알 수 있듯이, 상대방이 강한 자신감을 가지고 이야기하면 왠지 그 말을 믿게 된다.

만약 당신이 컴퓨터에 관한 지식이 전혀 없다고 하자. 그때 컴퓨터 박사라고 소문난 친구가 "○○노트북을 사."라고 권하면 당신은 그 권유를 받아들이지 않을까. 상대방이 가진 전문지식의 많고 적음을 떠나서, 이미 자신만만한 말투에 설득당하는 것이다.

린드(E. A. Lind)의 실험에 따르면 자신만만하게 말하는 사람은 '그러니까…… 저기……' 같은 애매한 말을 사용하는 사람에 비해 상대방에게 깊은 신뢰감을 심어준다고 한다. 따라서 상대방을 설득하고 싶으면 자신 있게 말하는 것이 매우 중요하다. 자신감이 없는 경우에도 자신감이 있는 것처럼 연기하는 일은 얼마든지 가능하니까 말이다.

물론 자신감 있는 분야를 가져야 하는 것은 두말할 나위가 없다. 상대보다 뛰어난 영역만 가지고 있으면 자신감은 저절로 솟아나기 때문이다. "이 분야에서는 절대로 지지 않는다." "이것에 대해서는 내가 더 자세히 알고 있다." 이렇게 자신 있는 분야가 있으면 말투에서도 자연히 자신감이 넘치지 않을까. 언제 어디서든지 자신감이 넘친다면 좋겠지만, 그렇게 되기는 힘들 것이다. 그렇다면 어느 한 점에서라도 남에게 지지 않도록 노력해야 한다. 최강의 무기라고 자랑할 수 있는 분야가 있다면 나를 지킬 수 있는 가능성은 몰라보게 높아질 것이다.

시간을 선점하면 우위에 설 수 있다

선수를 쳐라

전쟁터에 미리 도착해서 적을 기다리는 군대는 편하지만, 전쟁터에 늦게 도착해서 전투에 나서는 군대는 힘이 들 수밖에 없다. 전투에 탁월한 사람은 상대를 자신의 뜻대로 좌지우지하지, 자신이 상대의 뜻대로 좌지우지되는 일은 없다.

손무, 《손자병법》

《손자병법》은 춘추시대에 오왕을 섬긴 손무의 병법서다. 그밖에도 병법서로 《육도》와 《오자》가 유명하지만, 《손자병법》은 내용에서나 문장에서 다른 것들에 비해 탁월하다. 그리고 중국뿐 아니라 한국과 일본에서도 폭넓은 사랑을 받고 있다.

재미있는 심리학 실험이 있다. 보통 영화관에서는 팔걸이를 옆 사람과 같이 사용한다. 그런데 그것은 과연 누가 차지할까. 나이가 많은 사람일까, 여자일까 아니면 남자일까.

모두 정답이 아니다. 팔걸이는 먼저 온 사람이 차지하는 법이다. 그 사람이 나이가 적든 많든, 남자이든 여자이든 상관없다. 먼저 도착한 사람은 팔걸이를 독차지하고 여유 있게 다리를 뻗고 앉는다. 그리고 나중에 온 사람은 왠지 거북함을 느끼면서 몸을 웅크리고 조심스럽게 앉을 수밖에 없다.

이것은 비즈니스에서도 마찬가지다. 비즈니스에서는 항상 먼저 도착한 사람이 심리적으로 상대방을 위압한다. 먼저 도착했다는 사실이 강점으로 작용하기 때문이다. 약속시간에 늦지는 않았더라도 상대방보다 늦게 도착하면 "기다리게 해서 미안합니다." 하고 고개를 숙이게 되니, 참으로 신기하지 않은가.

드라마에서는 상대방을 일부러 기다리게 해서 안절부절못하게 만드는 장면이 있다. 또한 미야모토 무사시는 간류지마 전투에서, 사사키 고지로를 기다리게 함으로써 승부에서 유리한 고지를 잡았다는 이야기도 있다. 이런 전략은 아마 상대를 화나게 만들어서 이성을 빼앗고, 머리 회전을 둔하게 만드는 효과를 노린 것 같다. 그러나 이것은 아주 드문 예외일 뿐, 보통 사람이 이런 방법을 사용하면 틀림없이 실패로 끝나고 만다.

미야모토 무사시 팬들에게는 미안하지만, 만약에 사사키 고지로가 미야모토 무사시를 기다리는 동안에 섬의 지형을 꼼꼼하게 조사해서 자신에게 유리한 지형을 선택했다면 결코 패배하지 않았으리라는 것이 솔직한 나의 생각이다. 예외가 재미있기는 하지만 실제

상황에서는 이것만큼 애매하고 위험한 것도 없다. 먼저 도착하여 기다리는 것이 유리하다.

실제로 있었던 일이다. 한 영업사원이 어떤 교수의 연구실로 컴퓨터를 팔러 갔다고 한다. 그는 약속시간보다 일찍 도착해서 계속 연구실에서 기다리고 있었다. 그러나 약속시간이 지나도 담당교수가 나타날 기미는 보이지 않았다. 시간을 주체하지 못하던 그는 자리에서 일어나서 연구실 안을 어슬렁대다가, 창가에 놓여 있는 난초 옆으로 다가갔다.

그때 갑자기 교수가 들어왔다. 대개 의자에 앉아서 상대방을 기다리는 것이 예의인데, 그는 우두커니 서서 난초를 쳐다보고 있는 꼴이 되었다. 영업사원은 "난은 돌보기 어렵다고 하던데, 참으로 꽃이 멋지게 피었군요. 저도 모르게 향기에 취해 있었습니다." 하고 말을 건네면서 자리로 돌아갔다. 말이 끝나기도 전에 교수는 만면에 환한 웃음을 지었다. "난에 대해서 많이 아시는가 보군요. 저도 난을 참 좋아합니다. 그런데 이 연구실에는 해가 잘 들지 않아서 햇살을 쪼여주기가 어렵답니다."

그 뒤로 이야기는 원만히 진행되어 교수는 자기 연구실만이 아니라 대학의 전산실과 컴퓨터실에도 컴퓨터를 납품할 수 있도록 주선해주었다. 난초에 대한 짧은 대화로 엄청난 계약을 따낸 것이다. 만약에 그가 약속시간보다 늦게 도착해서 난초를 관찰할 시간이 없었다면 과연 이 계약은 어떻게 되었을까. 그 교수는 나중에 이렇게 말했다고 한다. "사실 컴퓨터가 꼭 필요한 것도 아니고, 비용이 부담스러워서 구입할 생각이 없었지요. 하지만 당신이 마음에 들었습니다." 이것도 선수를 친 사례다.

전쟁터에 일찍 도착해서 여러 정황을 자세히 관찰하는 것. 성공을 쟁취하는 데 이보다 더 좋은 방법은 없을 것이다. 만약 이성과의 데이트에 자신이 없다면 약속시간보다 빨리 나가서, 사전에 데이트 코스를 둘러보는 것도 좋다. 또한 낯선 지역으로 출장 가서 프레젠테이션을 해야 한다면 정해진 시간보다 일찍 도착해서 그 지역의 명소에 대해서 알아둔 다음, 그것을 대화의 실마리로 삼으면 좋지 않을까.

시간에서 밀리면 심리적으로도 밀린다

친구들이 모여서 입에 침을 튀기며 이야기하고 있다고 하자. "무슨 이야기를 그렇게 재미있게 해?" 이렇게 말하며 슬쩍 끼어들면 되지만, 당신은 좀처럼 대화에 끼어들기 힘들다. 그들 중에 당신과 친한 친구가 있는데도 웬지 말을 붙이기가 쉽지 않다.

누구나 이런 경험이 한 번쯤 있지 않을까. 그곳에는 눈에 보이지 않는 장벽이 있는 것처럼 당신의 침입을 거부하고 있다. '웬지 따돌림당하는 기분이야. 차라리 화장실에 가지 말걸……. 아무래도 다시 끼어들기가 힘드네. 어떡하지?' 당신의 머릿속에는 이런 생각이 정신없이 왔다 갔다 하지 않을까. 아마 친구가 "야! 거기서 뭐해? 빨리 이쪽으로 와!" 하고 말을 걸어주지 않으면 계속 주뼛주뼛하고 있든지, 더 이상 견디지 못하고 그 자리에서 도망치고 말았을 것이다.

가령 슬그머니 끼어들었다고 해도 바로 대화의 주도권을 잡을 수는 없다. 이 순간에는 평소에 얼마나 말을 잘하느냐, 평소에 그들 사이에서 리더의 역할을 했느냐 못 했느냐는 문제가 되지는 않는다. 대화에 늦게 끼어들었다는 이유만으로, 상사이든 선배이든 선생이든 간에 발언권이 제한된다. 의식적으로도 재빨리 분위기를 휘어잡기는 힘들 것이다. 일단 어떤 대화가 오고 가는지를 찬찬히 관찰한 다음에 대화에 끼어들어야겠다고 생각하지 않을까.

이런 위화감은 어디에서 오는 것일까. 평소에 잘 알던 사람들인데 왜 용기가 나지 않는 것일까. 대화의 내용도 다 알고 있는데 잠깐 자리를 비웠다가 다시 대화에 끼어들려고 하면 왜 이렇게 입을 열기가 힘들까. 아무래도 여기에는 《손자병법》이 말한 '선수 필승'의 심리적 메커니즘이 숨어 있다.

먼저 정답을 말하자면, '선수를 쳐야 한다'는 전략에는 '개인 공간(personal space, 사람의 몸을 중심으로 한 일정한 공간) 침입에 따른 죄책감'이라는 심리적 메커니즘이 숨어 있다.

우선 '개인 공간'에 대해서 살펴보자. 이것은 눈에 보이지 않는 공간을 가리키지만, 정확하게 말하면 자기 주위에 있는 장벽이라고 할 수 있다. 물론 개인 공간은 실제 장벽이 아니기 때문에 누구라도 자유롭게 드나들 수 있다. 그러나 갑자기 들어가면 상대방이 불쾌감을 느끼는 공간으로, 평균적으로 약 1미터 정도다. 다시 말해 이 1미터의 경계선을 깨뜨리고 들어가면 상대방에게 불쾌감을 준다는 것이다.

그런데 여기에는 이상야릇한 법칙이 숨어 있다. 두 사람의 개인 공간이 겹치는 경우, 늦게 도착한 사람은 '당신의 개인 공간에 무례하게 침입해서 미안하다'는 당치도 않은 죄책감에 시달린다. 이것은 낯선 사람의 집이나 방에 들어갈 때 느끼는 기분과 비슷하다. 처음부터 있던 사람은 마치 그곳이 자신의 안방인 것처럼 심리적으로 유리한 위치에 있고, 나중에 도착한 사람은 적지에 발을 들여놓는 듯한 기분이 드는 것과 같다.

회의에 늦게 참석한 사람은 아무리 멋진 기획안이 있더라도, 그 자리에서 설명하는 것은 삼가는 편이 현명하다. 왜냐하면 먼저 도착한 사람들이 이미 당신을 좋게 볼 리 없고, 당신의 기획까지 무시할 확률이 높기 때문이다.

꿈속에서도 애타게 그리던 여성과 처음으로 데이트를 하기로 했다면, 천지가 개벽하는 한이 있더라도 데이트 시간에 절대로 늦어서는 안 된다. 한 번의 지각 때문에 그로부터 이어지는 수많은 세월 동안 상대방에게 심리적으로 밀릴 가능성이 많기 때문이다.

누가 말했던가, 무엇이든지 처음이 중요하다고! 이것은 만고불변의 진리다.

사람은 부정적인 정보를 중시한다

좋은 인상과 나쁜 인상이 만나면?

우리가 알고 있는 정보는 대부분 허위이고, 사람이 가진 공포심은 그 허위를 더욱 조장하는 면이 있다. 원래 사람은 좋은 것보다 나쁜 것을 쉽게 믿는 버릇이 있고, 또 나쁜 것은 사실 이상으로 과장해서 생각하는 경향이 있다.

클라우제비츠, 《전쟁론》

스코론스키(J. J. Skowranski)와 칼스톤(D. E. Carlston)이라는 심리학자들은 인간의 판단에 대해서 아주 재미있는 실험을 했다. 그 결과에 따르면 사람이 사람에 대해 판단을 내리는 것은 덧셈이나 뺄셈처럼 단순하지 않다. 다시 말해 '좋은 점 한 가지, 나쁜 점 한 가지가 있다면 이 둘을 합하여 마음에 남는 인상이 나쁘지도 좋지도 않은 제로'

가 되지는 않는다.

또 스코론스키는 '사람은 부정적인 정보를 중시하는 경향이 있다'는 이론도 발표했다. 이 이론은 이미 클라우제비츠가 200년 전에 간파하지 않았는가.

인간이란 동물은 원래 긍정적인 정보보다는 부정적인 정보를 중시한다. 이것은 무엇을 의미하는가. 만약에 상대방에게 좋은 인상을 주고 싶다면 나쁜 행동보다 좋은 행동을 2배, 아니 3배는 더 해야 한다는 뜻이다. 좋은 행동과 나쁜 행동이 동등한 비율이라면 상대방은 나쁜 행동을 중시해서, '전체적으로 볼 때, 한심한 사람이군.' 하고 생각하기 때문이다.

예전에 다나카 가쿠에이 전 총리는 도로와 같은 인프라를 정비하거나 경제발전에 도움이 되는 정책을 적극적으로 추진하는 등, 지금 돌이켜보면 찬사를 받을 만한 놀라운 업적을 쌓았다. 그러나 그렇게 능력이 뛰어난 총리도 록히드 뇌물사건이라는 단 하나의 오점 때문에 피눈물을 삼켜야만 했다. 만약 사람의 머리가 컴퓨터처럼 냉철한 기계였다면 어땠을까. 오점이 있다 하더라도 그것을 덮을 만큼 뛰어난 업적을 쌓았다면 이렇게 말하지 않았을까. "다나카, 당신은 이번 사건으로 마이너스 1점을 기록했습니다. 이제 3점 남았으니 앞으로 조심하시기 바랍니다." 이 정도로 끝났을지도 모른다. 그러나 사람은 이렇게 기계적인 판단을 내리지 않는다. 나쁜 행동을 하면 그에 대해서 잔인할 정도로 신랄하게 비판한다. 그렇기 때문에 상대방에게 좋은 인상을 남기고 싶다면 당신이 세울 수 있는 전략은 이 두 가지밖에 없다.

첫째, 좋은 일을 나쁜 일의 2배 이상 한다.

둘째, 좋은 일을 하지 않더라도, 최소한 나쁜 인상은 주지 않도록 조심한다.

간단히 말하면 좋은 일은 늘리고 나쁜 일은 하지 말아야 한다는 뜻이다. 어쨌든 좋은 인상을 주기 위해서는 이 두 가지 전략밖에 없다. 단, 한두 가지라도 나쁜 행동을 하면 돌이킬 수 없는 나쁜 인상을 남기는 데 비해, 나쁜 행동만 하지 않는다면 나쁜 인상을 주는 일은 없다. 그러나 나쁜 행동만 하지 않는다고 좋은 인상을 주는 것은 아니다. 오히려 무관심만 만들 수 있기 때문에, 두 번째 전략은 그다지 좋은 전략이 아니다.

좋은 인상은 얼굴에서만 나오는 것이 아니다

사람은 왜 자신이 좋아하는 사람의 말이라면 무엇이든지 들어주는가. 로 볼 테크닉과 같은 테크닉을 사용하지 않는데도 우리는 좋아하는 사람의 부탁에는 순순히 고개를 끄덕인다. 왜일까? 거기에는 다음과 같은 두 가지 심리적 요소가 있기 때문이다.

첫째, 그 사람과 자신이 특별한 관계라고 느낀 경우.

둘째, 상대방의 외모에서 매력을 느낀 경우.

이 두 가지 가운데 어느 하나를 발견했다면 상대방을 좋아하는 것이다.

일단 첫째에 관해서 살펴보기로 하자. 상대방과의 심리적 관계를 심리학에서는 '유사성'이라고 한다. 유사성은 어떤 것이라도 상관없다. 출신지가 같거나, 성이나 이름이 같거나, 취미가 같거나, 나이가 같거나 등. 두 사람 사이에 이런 유사성이 있는 경우, '너는 나와 똑같다'는 감정이 생기고 상대방에게 호의를 갖는다. 마치 두 사람 사이에 공통적인 비밀이 있는 것처럼 상대방에게 친밀한 감정이 생기는 것이다.

웨젤(C. G. Wetzel)이라는 심리학자의 연구에 따르면, 설득하는 사람과 설득당하는 사람 사이에 유사성이 있는 경우에는 설득이 자연스럽게 진행된다고 한다. 아마도 설득하는 사람에게서 유사성을 발견하고, '당신이 그렇게 말한다면, 나도 그렇게 생각하지 않으면 안 되겠군.'이라고 생각하기 때문이 아닐까.

세일즈맨들은 이 유사성의 원칙을 적극적으로 활용한다. 어떤 세일즈맨에게 들은 이야기인데, 그는 차임벨을 누르기 전에 반드시 집 전체를 자세히 관찰하고, 자신과의 공통점을 찾는다고 한다.

예를 들어 새로 지은 단독주택에 갔다면, "저도 최근에 집을 샀는데요."라고 말을 꺼내 대화의 실마리를 찾고, 집을 구입하기까지의 고생과 기쁨에 공감하면서 쉽게 상대방의 마음속으로 들어갈 수 있다는 것이다.

공통점을 찾을 수 없는 경우에는 마음대로 이야기를 지어내는 경우도 적지 않다고 한다. 상대방의 집에 갔을 때 성화가 걸려 있으면,

"실은 저도 기독교인인데……."라고 말을 꺼내는 것이다. 물론 그렇게 말하려면 그 종교에 대해 잘 알고 있어야 한다.

두 번째 요소인 외모의 매력에 대해서는 특별히 설명할 필요가 없지 않을까. 얼굴이 아름답거나 청순하게 생겼다거나 몸매가 멋있다는 식으로 외모에서 매력을 느낀다면, 당연히 상대방에게 호감을 갖게 된다. 그리고 누군가에게 호감이 있으면 그만큼 그 사람의 말에 신뢰가 가는 것은 틀림없는 사실이다.

모든 기업에서 안내 데스크에 외모가 빼어난 여성을 앉히는 것을 보면 알 수 있다. 이것은 물론 방문하는 거래처 사람에게 좋은 인상을 주기 위한 전략이다. 아무리 약속 시간에 예민한 사람이라도, 매력적인 여성이 "죄송합니다만 잠시만 기다려 주십시오." 하고 꾸벅 고개를 숙이면 '하는 수 없군. 잠시만 더 기다리지, 뭐.'라고 순순히 따르지 않을까. 아무리 거만한 사람이라도 "너의 지시는 따를 수 없어!"라고 말할 수 없을 것이다.

무조건적인 긍정의 무책임함

단순히 긍정적이기만 한 사고는 버려라

사람들은 전쟁의 실상에 대해서 알기 전에는 전쟁을 혐오하기보다는 왠지 매력적인 것으로 생각하는 듯하다. 특히 눈앞에 승리의 월계관이나 명예욕의 갈증을 달래주는 달콤한 과일이 있을 때, 흥분의 소용돌이 속에서 과감하게 적을 습격하거나 잠시 눈을 질끈 감고 죽을 각오로 위험에 뛰어드는 일은 별로 어려워 보이지 않는다. 어려워 보이기는커녕, 오히려 쉬워 보일 수 있다. 그러나 승리의 순간은 쉽게 찾아오지 않으며, 그 과정은 사람들이 생각하는 것만큼 한순간의 일이 아니다.

클라우제비츠, 《전쟁론》

결코 자신에게 유리하게 생각하지 않는 것, 이것이 매우 중요하다. 무슨 일이든지 자신에게 유리하게 해석하는 것과 긍정적 사고 방식은 전혀 다르다. 긍정적 사고방식은 역경에 빠졌을 때 그것을 극복하는 마음가짐을 말한다. 아무것도 없는 상황에서 단순히 긍정적으로 생각하는 사람은 일장춘몽을 꿈꾸는 한량과 다르지 않다.

심리학을 어설프게 아는 사람들 중에는 긍정적 사고방식의 진정한 의미를 착각하는 사람이 많다. 무엇이든지 사물의 좋은 면만을 보면 된다고 생각하는 사람은 단지 나쁜 면을 보기 싫어 고개를 돌리고 싶은 것뿐이다. 이것은 정신분석에서 말하는 '부정'이라는 메커니즘으로, 이런 심리 상태로는 성공하기 힘들다. 자기 자신에게 기운을 불어넣기 위해서가 아니라 어려운 일을 피하기 위해서 '긍정적 사고방식'을 소리 높여 부르짖는다면 성공하기란 그리 쉽지 않을 것이다.

지금 하고 있는 일의 상황이 좋지 않으면 무조건 다른 일을 기웃거리거나 새로운 사업에 도전하는 사람이 많다. 그러나 그것은 너무 자기에게만 유리하게 생각하는 것이 아닐까. 지금 하는 일도 제대로 못 하면서 어떻게 다른 일로 성공할 수 있겠는가. 이것도 잘못된 의미에서 긍정적 사고방식이라고 할 수 있다.

연애할 때도 마찬가지다. 한 남자, 한 여자를 몇 년 동안 계속해서 사귀다 보면 매너리즘에 빠질 수도 있다. 이것은 사랑의 힘으로는 어찌할 수 없는 노릇이다. 그런데 그런 상황에서 언제나 '새로운 사랑'이라는 모험을 꿈꾸는 사람이 있다. 그러나 새로운 사랑이 달콤하다는 긍정적 측면만을 보는 사람은, 이윽고 다가올 이별의 아픔이라는 부정적 측면은 생각하지 않는다. 가장 안타까운 사람은 계속해서 새로운 사랑을 찾아 방황하다가, 어떤 상대에게도 만족하지 못하는 사람이다. 오래된 연인과 헤어질 때는 새로운 사랑에 대한 달콤함이라는 긍정적 측면만 보지 말고 사랑의 아픔이라는 부정적 측면도 생각해야 한다.

부정적 사고방식의 심리 메커니즘

"모든 것을 긍정적으로 생각하라." "적극적인 사고방식을 가져라."

이 세상에는 이런 표어들이 넘친다. 물론 꿈을 좇는 것은 참으로 좋은 일이다. 심리적인 안정감도 얻을 수 있으리라. 그리고 모든 것을 긍정적으로 생각하면 성공의 지름길로 들어갈 수도 있을 것이다.

그러나 나폴레옹이 긍정적인 사고방식으로 성공했다고 해서, 누구나 긍정적으로 사고해서 성공할 수 있는 것은 아니다. '나폴레옹이 이렇게 해서 성공했으니까 나도 같은 방법으로 얼마든지 성공할 수 있다'라고 생각하는 사람이 있는데, 그것은 너무 황당한 것이 아닐까. 무의식중에 그런 생각을 갖고 있었는데, 나중에 자신의 재능이 나폴레옹에게 미치지 못한다는 사실을 알면 어떻게 될까? 정말로 모든 것을 긍정적으로 생각하면 성공할 수 있을까? 유감스럽게도 나는 아니라고 생각한다.

심리학 용어 중에 '셀프 서빙 바이어스(self serving bias)'라는 것이 있다. 이것은 '자신에게 유리하게 생각하는 사고방식'을 말한다. 대부분의 사람들이 자기만은 절대로 교통사고를 당하지 않을 것이라고, 설사 교통사고를 당한다 하더라도 본인은 살아날 것이라고 굳게 믿는다. 또 자기가 사는 곳만은 자연재해가 일어나지 않을 것이라고 확신하는 것 같다. 사람의 심리에 이런 특징이 있는 이상, 오히려 모든 것에 대해서 부정적으로 생각하는 측면이 있어야 균형이 맞지 않을까.

일반적으로 긍정적 사고방식을 강조하는 사람은 위기에 약한 경향이 있다. 즉 미래에 일어날 일들을 너무 긍정적으로만 보면 위기에 빠졌을 때 헤어나기 힘들다는 말이다. 기업의 경영자 중에는 물이 조금씩 새더라도 들어오는 물이 그보다 많으면 괜찮다고 생각하는 사람이 있다. 그러나 이렇게 긍정적으로만 생각하는 사람은 결코 성공할 수 없다. 오히려 물이 샌다는 것에 위기의식을 갖고 들어오는 물을 어떻게 하면 한 방울이라도 새지 못하게 할까 대책을 마련하는 사람이 성공할 가능성이 많다. 부정적 사고방식으로 생각하는 것이다. 따라서 자신이 평범한 사람이라고 생각한다면, '이렇게 하면 돈을 번다.' '이렇게 하면 여자에게 인기를 끌 수 있다.'라는 식으로 생각하지 말고, '어떻게 하면 현재 상태를 유지할 수 있을까?' '어떻게 하면 사람들의 비난을 받지 않을까?' 하는 식으로 생각해야만 성공이라는 골인 지점에 좀 더 빨리 도달할 수 있지 않을까. 우리 주위에는 '이렇게 하면 쉽게 돈을 벌 수 있다'는 꿈에 젖어서 전 재산을 모두 날려버린 사람이 얼마나 많은가.

상대방이 듣고 싶어 하는 말은 무엇인가

답은 이미 정해져 있다

이 세상에 진언(進言)처럼 어려운 것이 어디 있으랴. 군주를 설득하려면, 일단 자신에게 충분한 지식이 있어야 한다. 또한 자신의 의견을 재치 있는 말솜씨로 표현하는 능력이 있어야 하고, 하고 싶은 말을 꺼리지 않고 할 수 있는 용기가 있어야 한다. 이것은 매우 어려운 일이지만 그렇다고 불가능한 일은 아니다. 군주를 설득할 때 가장 어려운 일은, 군주의 마음을 읽은 다음에 자신의 의견을 그것에 적용시키는 것이 아닐까.

한비자,《한비자》

한비자는 기원전 3세기 초, 한왕 안의 서자로 태어났다. 진시황제가 한비자가 쓴 글을 읽고 "이 글을 쓴 인물을 만날 수 있다면 나는 죽어도 좋다."라고 말한 일화로도 유명하다. 《한비자》는 말 그대로 제왕의 글로, 인간을 지배하는 이론 가운데 이것만큼 좋은 책은 없을 것이다. 처음부터 끝까지 예리한 시선으로 인간을 관찰하고 있고, 사람 위에 서는 자가 어떻게 행동해야 하는지 설명하고 있다.

얼마 전, 상대방의 마음을 꿰뚫어 보고 적절하게 조언해준다는 점술가에 대한 소문을 들은 적이 있다. 나는 친구에게 부탁해서 소문으로만 듣던 그 점술가를 만났다. 물론 점을 치기 위해서가 아니다. 어떻게 점을 치는지, 그 비결을 알고 싶었기 때문이다.

"그분은 정말 대단해. 내 생각을 전부 알아맞히거든!" 친구는 침을 튀기며 그 점술가에게 찬사를 보냈다. 평소에는 별로 다른 사람을 칭찬하지 않는 친구였기에 나는 속으로 기대를 많이 했다. 그러나 기대가 크면 실망도 크다고 했던가. 그 비결이라는 것이 별로 대단하지 않았다. 점술가의 트릭은 이러했다.

"상대방의 고민을 알아맞히는 것은 아주 간단합니다. 30분 정도만 적당히 맞장구를 치면서 이야기를 들어주면 상대방이 전부 말해주거든요. 그렇게 이야기를 나눈 다음에 고민에 대해서 말하면, 상대방은 그걸 어떻게 알았느냐며 깜짝 놀랍니다. 자기가 전부 말해놓고 말이지요. 그리고 상대방이 남편과 헤어지고 싶다고 하면 헤어지라고 하고, 회사를 그만두고 싶다고 하면 그만두라고 권합니다. 물론 상대방은 내 말을 아주 잘 듣습니다. 왜냐하면 그 대답은 이미 자신이 가지고 있던 것이니까요."

'말을 잘하는 사람'과 '말주변만 좋은 사람'은 다르다

한비자나 점술가의 이야기에서 알 수 있듯이, 말을 잘하는 사람이란 실은 듣고 싶은 이야기를 해주는 사람을 가리킨다. 자신이 듣고 싶은 이야기에 관심이 솟구치는 것은 당연하고, 상대방의 말과 자신의 생각이 똑같다면 맞장구를 치면서 고개를 끄덕이지 않을 수 없기 때문이다.

가령 당신이 프로야구에 전혀 관심이 없다고 하자. 실제로 프로야구 구단이 몇 개이고, 어떤 선수들이 있는지조차 모른다. 이런 경우, 아무리 말을 잘하는 사람이라도 당신에게 프로야구에 대해서 재미있게 말해주기는 어려울 것이다. 당신은 프로야구에 대해서 아주 작은 관심도 없기 때문에, 아무리 설명해도 따분하게 하품만 반복할 뿐이다.

반대로 스키에 대해서는 열광적인 관심을 가지고 있다면 아무리 시시하게 설명해도 귀를 쫑긋 세우고 흥미롭게 듣지 않을까. "○○ 스키장은 눈이 좋지 않아요."라고 이야기를 했을 때, F1 그랑프리를 좋아하는 사람은 시큰둥하게 대꾸할지 몰라도, 스키를 좋아하는 사람은 그 의견에 맞장구칠 것이다.

한마디로 말해서, 말을 잘하는 사람이란 자신이 관심 있는 분야를 말해주는 사람을 가리킨다. 단, 얘기가 이어지더라도 말을 잘하는 사람과 단순히 말주변만 좋은 사람은 전혀 다르다. 말을 재미있게 하거나 독특한 말투를 사용하는 사람은 대부분 진정으로 말을 잘하는 것이 아니라 단순히 말주변만 좋은 경우가 많다. 말을 잘하는 사람인지 말주변이 좋은 사람인지를 구별해내는 방법은 아주 간단하다. 말을 잘하는 사람의 말을 들으면 '음, 그래. 정말 그렇지.' 하고 납득이 되는 데 비해, 그저 말주변이 좋은 사람의 경우는 그렇지 않다. 그들의 말은 들으면 재미는 있지만 '그런데 정말 그럴까?' 하고 어딘지 모르게 의문을 품게 된다. '천만 원을 벌었다고 하는데, 정말일까?' 싶은 기분도 말주변만 좋은 사람의 말에서 느껴지는 법이다.

그러면 '상대방이 듣고 싶어 하는 말을 한다'는 것이 구체적으로 무엇일까. 예를 들어 기획회의를 할 때, 상사가 당신의 기획에 대해서 반대한다고 하자. 이 경우에는 일단 상사의 기분을 순수하게 받아들이고, 그 기분을 말로 표현하는 것이 좋다. "물론 제 기획안에 취약한 부분이 있습니다. 하지만 그것이 어떤 부분인지 잘 모르겠습니다. 부장님께서 그 부분을 지적해주시면 감사하겠습니다."

'취약한 부분'이야말로 상사가 반대하는 점이고, '그 부분을 지적해달라는 것'이야말로 상사가 가장 듣고 싶은 말이 아닐까. 이런 식으로 상대방에게 결정권을 부여하면 당신에 대한 인상은 좋아질 수밖에 없고, 결국 자신이 원하는 기획을 통과시킬 수 있을 것이다.

《손자병법》과 인간관계

승리를 위한 다섯 가지 조건

첫째, 싸워야 할 때와 싸워서는 안 될 때를 구별하면 승리한다.

둘째, 대군(大軍)과 소세(小勢)를 부리는 방법을 알면 승리한다.

셋째, 위아래 사람들의 마음이 맞으면 승리한다.

넷째, 언제나 미리 대비하고 상대방이 방심할 때 공격하면 승리한다.

다섯째, 장군이 유능하고 주군이 간섭하지 않으면 승리한다.

이것이 승리의 다섯 가지 조건이다.

손무,《손자병법》

《손자병법》은 승리의 조건을 이렇게 이야기했다. 물론 이 다섯 가지를 모두 갖춘다면 더없이 좋을 것이다. 그러나 모두 갖추지 않아도 걱정할 필요는 없다. 이 가운데 하나라도 자기 것으로 만들려고 노력하면 승리할 가능성은 훨씬 커지니까 말이다.

《손자병법》의 표현이 조금 추상적이긴 하지만, 이 다섯 가지 조건은 다른 분야에서도 충분히 응용할 수 있다. 만약에 경영전략에 응용하면 이렇게 바꿀 수 있지 않을까.

첫째, 신제품을 언제 발매할까, 신규 사업은 언제 시작할까의 시기를 구별하면 승리한다.

둘째, 회사 내부의 승부와 경합 기업과의 승부를 알면 승리한다.

셋째, 직원들의 사이가 좋고 파벌이 없으면 승리한다.

넷째, 항상 마케팅에 신경 써서 미리 준비하면 승리한다.

다섯째, 상사가 유능하고 부하직원의 일에 참견하지 않으면 승리한다.

부하직원을 다루는 방법으로는 이렇게 바꾸면 어떨까.

첫째, 칭찬할 시기, 야단 칠 시기를 구별하라.

둘째, 부하직원마다 대하는 방법을 바꾸어라.

셋째, 부하직원에게 사랑을 받아라.

넷째, 부하직원에게 조언할 때는 하고 싶은 말을 미리 정리한다.

다섯째, 본인 나름대로 일하고 있을 때는 가능하면 참견하지 마라.

이 조건만 지킬 수 있다면 부하직원에게 신뢰를 얻을 수 있을 것이다. 이 가운데 특히 주의해야 할 것은 '넷째'다. 대개 하고 싶은 말을 미리 준비하지 않으면 쓸데없는 말까지 장황하게 늘어놓게 된다. 어떤 조사에 따르면 가장 싫은 상사는 술을 마시러 가서 귀가 따갑도록 설교를 늘어놓는 사람이라고 하지 않던가.

부하직원은 당신의 조언을 싫어하지는 않는다. 다만 한마디로 말해주기를 바랄 뿐이다. 따라서 다른 사람의 위에 있는 사람은 무슨 말을 해야 할지를 한마디로 정리해서, 간단명료하게 하면 된다. 그런데 아무 준비도 없이 설교를 시작하기 때문에 "그러고 보니 자네는 세 달 전에도……." 하고 케케묵은 옛날 일까지 끄집어내는 것이다. 이래서는 부하직원의 마음을 사로잡기 힘들다.

《손자병법》을 친구와의 관계에 응용해보는 것도 재미있을 것이다.

첫째, 친구와 말싸움할 때는 때와 장소를 구별하라.

둘째, 친구가 어느 정도까지 자신의 말을 참을 수 있는지 알아야 한다.

셋째, 자기 이외에 어떤 친구가 있는지 알아야 한다.

넷째, 아무리 친구라도 최소한의 예의는 지켜야 한다.

다섯째, 친구가 싫어하는 일은 하지 말라.

《손자병법》의 뛰어난 점은 다른 분야에도 얼마든지 응용할 수 있다는 것이다. 따라서 앞으로의 인생에서도 이 다섯 가지 조건을 응용하고 염두에 두면 당하지 않을 수 있다. 당신 나름의 손자병법을 만들면 아주 강력한 무기를 가진 것이나 다름없을 것이다.

현재에도 통하는 고전의 가르침

승리하기 위한 다섯 가지 조건을 한 가지씩 살펴보기로 하자. 머릿속으로는 회사의 인간관계를 떠올리기 바란다.

가장 중요한 것은 첫째 조건인 '시기'다. 어떤 일을 하건 시기가 중요하다는 것에는 누구도 이의를 제기하지 않을 것이다. 가령 눈이나 비가 오는 날에는 왠지 우울해지기 쉽다. 그런 날에 초등학교 교장선생님처럼 끊임없이 설교해서는 안 된다. 그렇지 않아도 마음이 싱숭생숭한데 왜 하필이면 이런 날에 설교를 하는지, 엎친 데 덮친 격이라는 식으로 쓸데없는 원한을 사기 쉽다. 설교하고 싶을 때에는 맑고 화창한 날에 맥주라도 마시면서 하는 것이 어떨까. 시기를 구별해야 한다는 말이다.

둘째 조건은 '전략의 구별'이다. 남자와 여자를 대할 때, 상사나 부하직원을 대할 때 말투를 바꾸어야 한다. 또한 행동도 바꾸지 않으면 안 된다. 똑같이 의연하게 말했다고 해도 남자 직원에게는 훌륭한 선배라는 찬사를 들을 수 있지만, 여자 직원에게는 말 붙일 엄두도 나지 않는 무뚝뚝한 사람이라는 비난을 받을 수 있다. 특히 영업직에 종사하는 사람들은 상대방의 성격이나 특징에 따라서 다른 전략을 취하는 것이 좋다.

셋째 조건인 '인간관계'에서는 기분 좋은 만남을 갖는 것이 중요하다. 신기하게도 잘나가는 기업체의 직원들은 자신도 모르게 밝은 표정을 짓는다. 이것은 일을 하면서 무조건 재미있는 애기를 많이 한다는 뜻이 아니다. 재미있는 애기를 많이 하지 않아도 직원들의 사이가 좋으면 자신도 모르게 얼굴에 환한 미소가 배어나는 법이다. 또한 마음이 너그러워지면 자신이 좋아하는 사람에게만 너그러운 것이 아니라 누구에게나 기분 좋게 대한다. 그런 사람이야말로 진정으로 멋진 사람이 아닐까.

넷째 조건은 '준비'다. 이 세상에 미리 준비하는 사람보다 강한 사람은 없다. 예로부터 유비무환이라고 하지 않는가. 사람에게 말을 붙일 때에도, 어떤 말을 할지 미리 정리해두는 것이 좋다. 말이 서툴다면 사전에 메모해두는 것도 한 방법이다. 어쨌든 갑자기 경쟁에 나서는 것은 가장 저급한 책략이다.

다섯째는 '참견하지 말라'는 뜻이다. 이것도 이기기 위해서는 아주 중요한 조건이다. 일단 부하직원에게 일을 맡겼으면 가능하면 참견하지 말고, 일단 배우자에게 가계부를 맡겼으면 좀 더 절약하라는 등 잔소리하지 말아야 한다. 그런데 사람은 본래 자기의 의견을 억제하지 못하는 법이다. 그래서 생각이 떠오르면 입에 담으려고 한다. 그러나 일단 어떤 일을 맡기면 적어도 며칠 동안은 자신의 의견을 삼가야 한다. 연인에게 보고 싶은 영화를 정하라고 해놓고, '나는 로맨스 영화보다 액션 영화가 좋더라'며 자기의 의견을 먼저 내놓으면 안 되는 것과 마찬가지다. 그렇게 믿지 못하면 일을 맡기지 않으면 되지 않는가.

5

사람은 누구나 '배우'다

평생 동안 수많은 역할을 연기하는 사람들

사람은 왜 연기를 하는가

프리나(P. Pliner)와 차이켄(S. Chaiken)이라는 심리학자들은 한 여자에게 배가 부를 때까지 크래커를 먹게 하는 실험을 했다. 이 실험을 통해서 알게 된 사실은, 크래커를 먹을 때 방에 같이 있는 사람(실험자가 미리 준비한 사람으로, 크래커를 15개만 먹기로 되어 있다)이 남자냐 여자냐에 따라서 먹는 크래커의 개수가 달라진다는 것이다.

실험에 참여한 여자는 이성인 남자가 있을 때보다 동성인 여자가 있을 때 크래커를 더 많이 먹었다. 흥미로운 점은 남자에게 매력을 느낀 경우에는 평균 8.8개, 매력을 느끼지 않은 경우에는 평균 12.1개를 먹었다는 사실이다.

이 실험 결과는 사람의 행동에 깃들어 있는 대단히 중요한 사실을 가르쳐주고 있다. 인간은 의식적이든 무의식적이든 일상생활에서 항상 '연기'를 한다는 것이다. 실험 결과를 통해서 알 수 있듯이, 여자들은 매력적인 남자 앞에서는 자신이 여성스럽다는 것을 보여주기 위해서 크래커를 많이 먹지 않는다.

사람이 일상생활에서 연기하는 경우는 일일이 헤아릴 수 없을 정도로 많다. 만약 당신이 회사에 근무하는 사람이라면 상사에게 하는 행동과 입사동기에게 하는 행동, 부하직원에게 하는 행동이 다를 것이다. 같은 부하직원이라도 상대방이 남자인 경우와 여자인 경우의 행동은 달라진다. 회사에 있을 때의 자신과 집에 있을 때의 자신은 어떨까. 평소에는 의식하지 못하지만, 자신을 객관적으로 바라보면 무엇이 다른지 뚜렷하게 느낄 것이다.

인간은 모두 그 상황에 어울리는 역할을 연기한다. 영국의 대문호 셰익스피어의 작품 《뜻대로 하세요》의 2막 7장에서 제이퀴즈는 다음과 같은 대사를 하는데, 참으로 명대사가 아닌가.

"이 세계는 하나의 무대이며, 사람은 모두 연기자에 불과하도다. 제각기 나오는 장면도 있고 들어가는 장면도 있고, 평생을 통해서 수많은 역할을 연기하도다."

인간은 모두 배우이며 인생은 모두 드라마다. 사장은 사장답게, 아내는 아내답게, 은행원은 은행원답게 행동한다. 사회적으로 인정된 '답게'라는 말과 개성이 어울려서, 그 사람만의 독창적인 연기가 결정된다. '너무 ~답다'라는 말을 듣는 사람은 사회의 기대대로 연기하고 있고, 반대로 '~답지 않다'는 말을 듣는 사람은 사회의 기대와는 전혀 다른 연기를 한다는 말이다.

그렇다면 사람은 왜 연기를 하는 것일까? 그것은 사랑받고 싶다,

유능하게 보이고 싶다, 비난받고 싶지 않다, 수치심을 느끼고 싶지 않다는 욕구 때문이다. 즉 어떤 목적을 달성하기 위해 연기하는 것이다.

은행에 취직하려고 노력하는 학생은 일부러 머리를 단정하게 자르고, 평소에는 입지 않는 감색이나 회색 양복을 입는다. 이렇게 하면 면접관에게 좋은 인상을 주거나, 적어도 나쁜 인상은 주지 않을 것이라고 믿기 때문이다. 그리고 면접이 시작되자마자 평소에는 사용하지 않는 정중한 말투로 이야기하고 예의바르게 행동한다. 반대로 성적이 좋지 않은 학생은 은행원답지 않은 연기로 역전의 가능성에 도전할지도 모르겠다. 어쨌든 누구든 최대한 자신의 좋은 모습을 보여주기 위해 최고의 연기를 하는 것만은 틀림없는 사실이다.

이런 식으로 사랑받고 싶다, 유능하게 보이고 싶다는 동기에서 상황에 따라 연기하는 것을 심리학에서는 '인상관리(impression management)' 또는 '자기제시(self-presentation)'라고 한다. 자신의 인상을 관리하거나 상대방에게 자신을 꾸며서 보인다는 뜻이다.

'연기'나 '관리'라는 단어에서 거짓말을 한다든지, 사람을 속인다든지, 자신을 위장한다는 식의 부정적인 느낌을 받는 사람도 있을 것이다. 그러나 인상을 관리하는 것 자체는 그다지 나쁜 일이 아니다. 이 세상에 연기하지 않는 사람은 한 명도 없고, 사람을 속이는 것처럼 나쁜 목적으로 이용하지 않는 한 인상관리를 나쁘다고 몰아붙일 이유도 없다.

최근에는 평범하게 사는 모습은 진짜 자신이 아니라고 부정하며 진정한 나를 찾는 게임에 빠지는 사람이 적지 않은데, 참으로 안타까운 일이다. 왜냐하면 연기하는 자신도 진짜 본인이기 때문이다. 상황에 따라서 다른 역할을 연기하고 있어도, 그것은 모두 '나'라는 배우를 표현하는 행동에 지나지 않는다.

인간의 삶에서 연기는 빼놓을 수 없는 중요한 요소다. 그러니 어차피 연기를 한다면, 기왕이면 잘하는 것이 좋지 않을까. 사용하느냐 사용하지 않느냐에 상관없이 연기의 비결을 알아두면 결코 손해 보는 일은 없을 것이다.

그 연기의 비결이 바로 지금부터 설명할 인상관리의 기법이다. 인상을 잘 변화시킬 수 있느냐 그렇지 못하느냐에 따라서 심리적으로 우위에 설지 아닐지가 결정된다고 해도 과언이 아니다. 상대와 상황, 장면에 따라서 유연하게 그리고 전략적으로 자신을 변화시켜야만 스스로를 지킬 수 있다.

교섭을 잘하는 사람은 공포 어필 테크닉을 이용해서 '무서운 사람'을 연기한 후, 완전히 돌변해서 '약한 사람'도 연기하면서 교묘하게 인상을 바꾼다. 아마 변호사들은 자신의 적에게는 "당신에게 불리한 이런 증거가 있다. 앞으로도 증거는 얼마든지 있다."라고 무서운 태도로 협박한 다음, 배심원들을 뒤돌아보면서 "피해를 당한 우리는 지금 이렇게 비참한 상황에 처해 있습니다."라고 눈물로 호소하는 연기를 할 것이다. 강한 인상과 약한 인상을 섞어가면서 공격하기 때문에, 이렇게 인상을 아주 잘 바꾸는 프로에게 걸리면 평범한 사람은 끝없이 당할 수밖에 없다.

여기에서는 특히 '말'을 이용한 인상관리를 중심으로 설명하고자 한다. 이것은 말에 변화를 주어 심리전을 유리하게 이끄는 기술로,

'인상관리의 심층언어술'이라고 할 수 있다. 행동과 표정과 같은 구체적인 인상 바꾸기에 대해서는 '6장. 심리를 프로파일링하다'에서 다루겠다.

적극적인 방법으로 상대방에게 호감을 산다

심리학 용어로 인상관리 테크닉은 크게 '획득적 인상관리(acquisitive impression management)'와 '방어적 인상관리(defensive impression management)'로 나눌 수 있다.

전자는 '좋은 사람이다' 또는 '유능하다'는 식으로 상대방에게 긍정적인 인상을 주거나 자신의 생각대로 상대방을 움직이려는 것이고, 후자는 어떤 불상사가 일어나거나 실패한 경우에 피해를 최소한으로 줄이려는 것이다. 쉽게 말하면 전자는 공격이고, 후자는 방어라고 할 수 있다.

일단 획득적 인상관리의 구체적인 사례를 살펴보자. 상대방에게 호감을 사는 방법 중에 '영합(迎合)'이 있다. 영합이라고 하면 아무래도 아부한다는 인상을 주지만, 아부보다는 훨씬 세련된 방법이다. 사람은 자신과 같은 의견을 가진 사람을 좋아하는데, 그렇다고 해서 "맞습니다.""그렇지요."라는 말만 반복한다면 무능한 사람이나 아첨꾼처럼 보일 것이 뻔하다. 그것보다는 처음에는 반론을 제기하다가 서서히 양보하는 방법을 쓰는 것이 좋다.

처음에는 "나는 그렇게 생각하지 않습니다.""그건 납득할 수 없습니다."라고 말한다. 그리고 상대방의 이야기를 들으면서 "그럴지도 모르겠군요."라는 식으로 설득당한 것처럼 행동한다. 그러면 상대방은 자신이 타인을 설득했다는 만족감을 느낄 것이고, 당신을 무능한 '예스맨'으로 생각하지도 않을 것이다.

또한 칭찬할 때도 세심한 주의가 필요하다. 자신을 칭찬해주는 사람에게 좋은 인상을 갖는 것은 당연하지만, 자칫 잘못하면 아첨꾼으로 낙인이 찍힐 수도 있다. 그런 경우에는 제3자를 통해서 간접적으로 칭찬하거나, 가끔은 비판하고, 평소에 상대가 칭찬받지 못하는 점을 칭찬해주는 것이 효과적이다.

자신을 유능하게 보이는 기법을 보통 '자기선전(self-promotion)'이라고 한다. 어떤 분야에서 성공한 경우, 운이나 우연이라는 외적 요인 때문이 아니라 자신의 능력이나 노력이라는 내적 요인 때문이라고 어필하는 방법이다. 예를 들어 시험 성적이 좋다면, 예상한 문제가 나왔기 때문이 아니라 열심히 공부했기 때문이라고 말하는 것이다. 그런 식으로 상대방의 관심을 자신의 능력이나 정신력과 같은 개인의 장점으로 이끈다.

물론 이것은 자기주장이 중요한 서양식 방법이고, 동양에서는 오히려 '겸손'으로 호감을 사는 경우가 많기 때문에 "덕분입니다." "우연입니다."라는 말을 자주 사용한다. 치알디니와 드 니콜라스(M. E. De Nicholas)는 자기선전을 너무 많이 하면 '공주병, 왕자병 환자'라거나 '성실하지 못하다'는 인상을 준다고 했고, 시어즈(D. O. Sears)는 자기선전을 사용할 때의 주의 사항으로 다음 두 가지를 거론했다.

"실제로 뛰어난 업적을 올리고, 주위 사람들도 모두 그 사실을 인정할 때는 사용하지 마라."

이런 경우 자기선전을 하면 오히려 주위 사람이 이맛살을 찌푸린다는 것이다. 꼴도 보기 싫은 녀석이라는 말을 들으면서까지 자기선전을 할 필요는 없다.

또한 자신을 무서운 존재라고 강조하는 것은 '위협(intimidation)'이라고 한다. 이것은 공포 어필과 마찬가지로, 이론적으로 공격하거나 권력을 휘둘러서 자신의 말을 듣게 하는 것이다. 흔히 말하는 '당근과 채찍' 중에서 채찍에 해당하는 부분으로, 이 기법을 사용할 때는 많은 주의가 필요하다.

권력이나 공포 때문에 움직이는 경우, 사람은 반드시 상대방에게 부정적인 인상을 갖게 마련이다. 따라서 일시적으로 자신의 말을 듣게 만들 수는 있어도 결코 호감은 사지 못한다. 특히 권력을 가진 사람일수록 '위협자의 환상'에 빠질 우려가 있다. '상대방은 기꺼이 내 말을 들어준다. 나에게 호감을 갖고 있기 때문'이라고 생각할지 모르지만, 실은 두려움 때문에 따를 뿐 마음속으로는 원망하거나 증오하는 경우가 많다는 사실을 잊어서는 안 된다.

이와 반대로 자신의 약한 모습을 보여주면서 상대방을 움직이는 '애원(supplication)'의 방법이 있다. 이것은 어려움에 처한 사람은 도와주어야 한다는 사회의 심리를 이용한 것으로 '건강이 좋지 않다, 시간이 없다, 경제적인 여유가 없다, 그것은 내 특기 분야가 아니다' 라는 식으로 상대방에게 동정을 이끌어내면서 자신의 요구를 관철하는 방법이다. 물론 자주 사용하면 별로 효과가 없다. 획득적 인상관리의 최종수단이라고 할 수 있다.

궁지에서 탈출하는 가장 좋은 방법은?

지각하고, 약속을 잊어버리고, 시험에서 좋은 점수를 못 받고, 목표를 달성하지 못하고, 사고를 일으키는 등 우리는 인생에서 수많은 실패와 실수를 경험한다. 아무리 훌륭한 사람이라도 이를 피할 수 없다. 사람이 인생에서 경험하는 실수를 심리학에서는 '궁지(predicament)'라고 한다. 궁지에 빠졌을 때, 손실을 최소한으로 줄이기 위한 인상관리 방법을 방어적 인상관리라고 한다.

방어적 인상관리에서 가장 높은 비율을 차지하는 것은 '변명(account)'이다. 변명을 어떻게 사용하느냐에 따라서 좋은 결과를 얻을 수도 있고 나쁜 결과를 얻을 수도 있다. 이런 예는 신문이나 TV에 매일 등장한다.

불륜을 저지른 배우가 "그 속에서 태어나는 것이 문학이고 음악이며 문화와 같은 예술이지요."라고 하거나 연쇄살인을 저지른 살인자가 "그 사건은 내가 무지하기 때문에 저지른 것이다. 나를 무지하게 만든 빈곤이 원망스럽다."라고 하고, 학교의 실수로 대학입시를 보지 못한 학생에게 선생이 "참으로 안됐다. 그러나 사회에 나가면 더 혹독한 일이 많이 기다리고 있다."라는 말을 늘어놓으며, 초등학교 남학생을 성희롱한 교감선생이 "2차 성징에 대한 교육의 일환이었다."라고 변명한다면 누구라도 화가 날 것이다. 이런 변명은 효과가 없을 뿐 아니라 오히려 비웃음이나 반감을 산다.

이렇게 헤아릴 수 없이 많은 변명도 실은 몇 가지 종류로 나눌 수 있는데, 실험에서 나온 기본공식은 이렇다.

변명＝자신의 책임을 인정하느냐 마느냐×행위의 악질성 또는 행위에 따른 피해를 인정하느냐 마느냐

먼저 자신의 책임이나 자신의 행동에 따른 피해를 전혀 인정하지 않는 것은 '부정(denial)'이다. 이것은 정치가들이 흔히 사용하는 "그건 사실무근입니다."라는 변명이다. 사건이 있었다는 것 자체도 인정하지 않는 방법이다.

책임은 인정하지만 행동에 따른 피해는 인정하지 않는 것은 '정당화(justification)'다. 과속으로 잡힌 사람이 "180킬로미터로 달린 건 맞지만, 다른 차도 모두 그렇게 달렸기 때문에 그 정도 속도를 내지 않으면 오히려 위험하다."라고 하는 말이나, 원조교제를 한 여고생이 "나는 잘못한 게 없다. 오히려 상대방이 좋아하지 않았느냐?"라고 하는 말 등이 정당화에 해당한다. 간단히 말하면, "내가 그런 행동을 하긴 했지만 그게 어떻다는 것이냐?"라고 되묻는 경우다.

책임은 인정하지 않지만 행동에 따른 피해는 인정하는 것이 '변해(excuse)'다. 술에 취해서 전혀 기억나지 않는다고 술 탓으로 돌리거나 약속을 잊어버렸을 때 몸이 아파서 일어날 수 없었다며 건강 탓으로 돌리는 것을 말한다. 간단하게 말하면 '분명히 당신에게 미안한 짓은 했지만 어쩔 수 없었다'는 것이다.

이에 비해 책임도 인정하고 행동에 따른 피해도 인정하는 것이 '사죄(apology)'다. 변명에 대한 연구는 사회심리학 분야에서 활발하게 이루어지고 있는데, 연구자들은 사람들이 어느 경우에 어떤 변명을 하는지, 그 효과는 어느 정도인지에 대해서 실험을 반복하고

있다.

어떤 방법이 가장 효과적인지는 상황에 따라 달라지겠지만, 상대방의 분노를 줄이고 싶거나 상대방과의 관계를 좋게 만들고 싶을 때는 '사죄, 변해, 정당화, 부정'의 순서로 하는 것이 좋다. 왜냐하면 사람들은 사실이 어떻든 순순히 잘못을 인정하는 경우(사죄)나 어쩔 수 없는 상황에 처해 있었던 경우(변해)에 상대방을 쉽게 용서하는 경향이 있기 때문이다. 그에 비해서 나쁜 짓을 저지르지 않았다고 주장하거나(정당화) 죄를 인정하지 않는 경우(부정)에는, 가령 머리로는 납득할 수 있어도 감정으로는 좀처럼 받아들이기 힘들다고 한다.

다시 한 번 강조하지만 사람은 이성보다 감정에 좌우되는 동물이다. 부정이나 정당화는 암시적으로 "후회하지 않는다." "미안한 마음이 없다."라고 말하는 것이므로 감정적으로 받아들이기 힘들다.

특히 부정으로 변명하다가 실패하면 최악의 결과로 이어질 수 있다. 펠슨의 연구에 따르면, 재판에서 부정 변명을 사용한 살인범이나 폭행범은 다른 전략을 사용한 범죄자에 비해 더 엄한 처벌을 받는다고 한다. 인간은 원래 궁지에 몰리면 눈앞의 것만 생각해 자기도 모르는 사이에 모든 것을 부정해버리지만, 나중에 증거가 나오면 죄가 탄로 날 뿐만 아니라 거짓말을 했다는 이유로 무거운 벌을 받는 경우가 많다. 따라서 그 자리만 모면하려는 '부정'은 대단히 위험한 전략이라고 할 수 있다.

그밖에도 '변명'에는 여러 종류가 있다. '회피(meta-accounts)'는 변명하지 않기 위한 변명으로, 일종의 변칙 기술이라고 할 수 있다. 바람을 피우다가 들켰을 때 "무엇을 하든지 그것은 내 마음이다."라고 입을 다무는 것이나, 정치가들이 자주 사용하는 "그것에 대해서는 대답할 수 없습니다." "노코멘트." "현재 사실관계를 조사하는 중입니다."라는 대답을 앵무새처럼 반복하는 것으로, 그 이면에는 '일단 시간을 벌면서 대책을 강구하자.' '시간이 지나면 사건에 대해서 잊어버릴지도 모른다.' '서툰 변명을 하기보다는 차라리 하지 않는 편이 낫다.'라는 심리가 깔려 있다. 그러나 분명한 점은 이런 변명을 사용한다고 해도 끝까지 도망칠 수 없다는 것이다.

'기권(disclaimer)'은 자신의 말과 행동이 앞으로 좋지 않은 결과를 가져올 가능성이 있을 때 사용하는 수단이다. 친구에게 조언할 때, "전문가가 아니라서 책임은 질 수 없지만……"이라든지, "어쩌면 내 착각일지도 모르지만……"이라는 말을 앞에 덧붙이는 것이다. 반대로 "20년 동안 영업했기 때문에 할 수 있는 말이지만……." 이라고 자신에게는 말할 자격이 있다고 주장하는 경우도 있다. 기권의 영어인 'disclaim'이라는 단어에는 '~의 요구를 거부하다'라는 의미가 있는데, 궁지에 빠졌을 때 상대방에게 받을 요구나 비난을 미리 피하는 방법이다.

조건이 불리하다는 식으로 말하는 것을 셀프 핸디캐핑(self-handicapping)이라고 한다. 시험을 보기 직전에 누구나 한 번쯤은 "어제는 거의 잠을 못 잤어."라든지 "컨디션이 좋지 않아." "이번에는 전혀 공부를 하지 못했어."라고 말한 경험이 있을 것이다. 만약에 시험 점수가 나쁘더라도 어쩔 수 없었기 때문이라고 자신이나 다른 사람에게 변명할 여지를 만들 수 있고, 만약에 성적이 좋다면 불리한 조건에도 이겨냈다는 식으로 능력을 높이 평가받을 수 있기 때문이다.

로데월트(F. Rhodewalt)의 연구에 따르면, 셀프 핸디캐핑을 자주 사용하는 골프 선수나 수영선수는 중요한 시합이 있기 전에는 말만이 아니라 실제로도 연습량을 줄인다고 한다. 만약 시합에서 이기면 연습을 별로 하지 않았는데도 이겼다고, 패배하면 연습량이 부족한 탓이라고 변명할 수 있기 때문이다. 셀프 핸디캐핑은 가끔 사용하면 효과적이지만 자주 사용하면 변명을 잘한다는 부정적인 인상을 줄 수 있다.

이런 방어적 인상관리를 제대로 이해하고 실행하는 것은 대단히 중요하다. 실제로 살면서 겪는 경쟁은 공격도 해야 하고 수비도 해야 하는 공방전의 연속이지, 한쪽만 계속 공격할 수는 없다. 따라서 일단 변명에도 여러 종류가 있다는 것과 상대방의 처지가 되어 어느 변명이 어떤 효과를 가져오는지 생각하면서 스스로를 잘 지켜나가길 바란다.

사람은 궁지에 몰리면 어찌할 바를 모르고 당황하다가, 호미로 막을 것을 가래로도 막지 못하는 결과를 초래할 때가 많다. 그러나 평소에 공격과 수비의 양쪽에 대해 알아두면 어떤 상황에서도 효과적인 대책을 세울 수 있을 것이다.

좋은 인상을 만드는 말 한마디

이제 인상관리 이론을 어떻게 활용하는 것이 좋을지 생각해보자. 될 수 있으면 구체적으로 생각할 수 있도록 대답을 사지선다형으로 만들어보았다. 네 가지 가운데 어느 것이 좋은 대답일지 생각해보기 바란다. 단순히 대답을 선택하기보다 실제로 이런 상황에서 '나'라면 어떻게 할까를 적용해보면 재미있을 것이다.

정답은 하나지만 어떤 전략이 좋으며 어떤 전략이 치졸한지, 그리고 그 이유는 무엇인지 생각해보는 것이 중요하다. 그리고 자신이 어떤 전략을 선택했을 때 상대방은 어떤 심리 상태일지 생각해보기 바란다. 실제로는 상황에 따라서 정답이 미묘하게 바뀔 수 있으므로, 정답에 치중하기보다는 상황에 맞는 전략을 사용할 수 있도록 임기응변을 갖추는 게 좋다.

부정적인 질문에 어떻게 대답할 것인가

살다 보면 부정적인 질문에 대답해야 하는 경우가 있다. 특히 면접을 볼 때 그렇다. 예를 들어 당신이 유급을 한 번 한 대학생이라고 하자. 1학년 때 노는 데 정신이 팔려서 학점을 따지 못한 것이다. 그런데 졸업을 앞둔 취직 면접에서 면접관이 그 점을 지적했다. "한 번 유급한 것 같은데, 대학시절에 그렇게 많이 놀았나요?" 이런 질문에는 어떻게 대답해야 할까.

1. 네. 하지만 귀사에 입사한다면 최선을 다해서 일하겠습니다.

2. 아닙니다. 공부 외에 다른 것에 열중해 있었습니다.

3. 놀았던 것이 아니라, 해외여행을 갔습니다. 휴학계가 필요하다는 사실을 몰랐기 때문에 유급할 수밖에 없었습니다.

4. 네. 하지만 그 대신 젊은 시절에만 맛볼 수 없는 좋은 경험들을 많이 쌓았습니다.

사실 이 질문에는 약간의 트릭이 있다. 이 대답에서 가장 중요한 점은 처음에 "네"라고 하느냐 "아니요"라고 하느냐로, 그 뒤에 덧붙이는 말은 별로 중요하지 않다.

일단 면접관의 질문을 분석해보자. "많이 놀았나요?"라는 말에 부정적인 의미가 들어 있기 때문에, 절대로 그것을 인정해서는 안 된다. 그러므로 "네"라고 대답한 1번과 4번은 가장 먼저 제외시켜야 한다.

면접관의 질문에 긍정적으로 대답하면, 그다음에는 어떤 이유를 붙여도 변명에 지나지 않는다. 아무리 멋진 변명을 늘어놓아도 많이 놀았느냐는 질문에 "네"라고 대답한 시점에서, 면접관의 뇌리에는 '이 녀석은 대학시절에 많이 놀았다'는 말이 새겨지고 부정적인 인상이 만들어지기 때문이다. 이 과정은 거의 무의식적으로 진행되기 때문에 본인이나 상대방 모두 알아차리지 못한다.

실제로는 상대방이 '유급'이라는 단어를 꺼내는 순간, '역시 그 질문을 하는군.' 하고 미리 준비한 대답을 되새기기 때문에 많이 놀았느냐는 마지막 말은 귀에 들어오지 않는 경우가 많다. 그러나 마지막까지 제대로 질문을 듣고, 부정적인 의미로 질문할 때는 절대로 그것을 인정해서는 안 된다.

따라서 여기에서 좋은 대답은 2번이나 3번이다. 놀지 않았다고 완강하게 부정하기 때문이다. 두 가지 대답을 비교해보면 2번이 더욱 적극적인 느낌을 주므로 2번이 더 좋은 대답이라고 하겠다. 물론 그다음에 전개되는 이야기에 따라 답이 달라질 수도 있지만, 3번은 변명을 하고 있다는 느낌과 함께 '정말 휴학계가 필요하다는 사실을 몰랐을까'라는 의문이 생길 수 있다는 점에서 좋은 대답은 아니다.

상대방이 부정적인 의미로 질문한 경우, 결코 그것을 인정해서는 안 된다. 부정적인 의미로 질문하고 있어도 상대방이 원하는 것은 긍정적인 대답이기 때문이다. 상대방이 긍정적인 대답을 기대하는 이상, 맨 처음에는 그 대답을 해주는 것이 좋다. 이유는 나중에 얼마든지 붙일 수 있으니까 말이다.

일 때문에 허둥대고 있는 당신을 보고, 상사가 "역시 월말까지 마무리하기는 힘든가?" 하고 묻더라도 그가 원하는 것은 "네, 역시 어려울 것 같습니다."라는 대답이 아니다. 일단 "아닙니다. 걱정하지 마십시오."라는 말을 듣고 싶은 것이다. 정말로 그때까지 처리하기 힘들다면, "최선을 다해 노력해보겠습니다."라고 말해두고 나중에 도움을 부탁하면 된다. 이런 대처와 처음부터 도저히 불가능하니 도와달라는 식의 대처는 다르다. 이것은 '상대방이 듣고 싶은 말을 해준다'는 심리 메커니즘과도 일치한다.

부정어의 질문은 보통 '없다'는 표현으로 끝난다. 예를 들면 "만날 수 없어?"라든지 "~할 수 없어?"라는 식이다. 가령 일이 바빠서 만날 수 없는 상황이라도, 바쁘냐는 질문에 그렇다고 대답하면 상대방의 마음에 상처를 줄 수 있다. 이럴 때도 나도 만나고 싶다고 일단 수용하는 자세를 보여주어야 한다. 그리고 그다음에 "하지만 이번 주는 어려울 것 같아. 다음 주 수요일쯤이면 괜찮을 것 같은데."라고 날짜를 미루는 게 좋다.

그리고 언뜻 들으면 부정어가 포함되어 있지 않아도, 그런 의미나 분위기를 가진 질문도 있다. 이것도 역시 그렇다고 대답해서는 안 되는데, 전형적인 사례가 "내가 싫어?"라는 질문이다. 여기에서 상대방이 원하는 것이 과연 싫다는 대답일까.

분노를 누그러뜨리는 변명

이번에는 이런 상황을 가정해보자. 당신에게는 결혼을 약속한 여자가 있다. 그러던 어느 날 그녀가 임신했다는 사실을 알게 되었다. 결혼은 약속했지만 아직 정식으로 결혼식을 올린 것은 아니다. 더욱 곤란한 점은 아직까지 여자의 부모님을 만난 적이 한 번도 없다는 것이다. 그래서 용기를 내어 임신했다는 사실을 말씀드리고 결혼을 허락받기 위해 여자의 부모를 찾아갔다. "나쁜 녀석, 감히 소중한 내 딸에게 손을 대다니!" 길길이 화를 내는 아버지에게 뭐라고 말하는 게 좋을까.

1. 정말 죄송합니다.

2. 우리는 서로 사랑하고 있습니다.

3. 일이 너무 바빠서 인사를 오지 못했습니다. 정말 죄송합니다.

4. 아이가 생겼기 때문에 결혼하는 게 아닙니다. 임신은 결과일 뿐입니다.

여기에서 정답은 1번이다. 앞에서도 설명한 것처럼 상대방의 분노를 완화시키기는 데는 변명보다 사죄가 효과적이다. 특히 이 경우에는 비즈니스 거래와 달리 아버지를 궁지로 모는 것이 목적이 아니기 때문에, 일단은 고개를 깊이 숙이고 사죄해야 한다.

2번은 드라마에서 자주 나오는 대사지만, 실제로는 별로 좋은 대답이 아니다. 부모는 이런 이유를 가장 싫어한다. 그렇게 사랑한다면서 왜 지금까지 부모에게 인사 한번 오지 않은 것일까. 어쨌든 부모님께 인사를 오지 않은 것은 사실이므로, 일단 무조건 잘못을 사죄하는 것이 좋다. 그런 다음에 비로소 사랑한다는 말을 하는게 낫다.

3번은 사죄는 하고 있지만 앞부분의 이유가 별로 좋지 않다. 자칫 잘못하면 여자보다 일이 더 중요하다는 뜻으로 들릴 수 있기 때문이다. "아무리 일이 바빠도 하루 정도는 시간을 낼 수 있지 않았나?" 하고 묻는다면 뭐라고 대답하겠는가. 아버지는 당연히 일보다는 자신의 딸을 더 생각해주기를 바랄 것이다. 그 마음을 처참하게 짓밟는 듯한 인상을 주기 때문에 3번도 좋은 대답이 아니다.

4번은 너무 이론적이다. 편지로 마음을 전한다면 또 몰라도, 얼굴을 마주보고 하는 말로는 좋지 않다. 게다가 한 번도 인사하러 오지 않은 것에 대한 이유로도 적절하지 못하다.

상대방의 분노를 사는 경우는 주위에서 흔히 찾아볼 수 있다. 바람을 피우다가 들통나거나, 의견이 맞지 않거나, 실수로 폐를 끼치는 등. 이런 식으로 나 때문에 감정적인 문제가 일어난 경우에는 즉시 사죄해야 한다. 이유는 말하지 않아도 좋다. 머리끝까지 피가 솟구쳤을 때는 어떤 이유를 대더라도 통하지 않을 뿐 아니라, 오히려 반감만 산다. 따라서 실수를 저질렀을 때는 즉시 사죄하는 습관을 갖는 게 좋다. 문제가 일어난 이유는 상대방의 기분이 진정된 다음 천천히 말해도 되지만, 사죄의 기회는 때를 놓치면 다시 갖기 힘들기 때문이다.

문제가 사소할 경우에는 핑계를 대거나 자신을 정당화해서, 상대방을 완전히 속이는 것도 나쁘지는 않다. 그러나 거듭 강조하지만 사람은 이성보다 감정으로 움직이는 동물이다. 특히 문제가 생겼을 경우에는 더욱 그렇다. 감정적인 문제가 일어났을 때는 반드시 먼저 사죄해야 한다. 동양에서는 이를 더 중시하는데, 자신을 보호한답시고 어중간한 변명을 하거나 핑계를 대면 상대방에게 최악의 점수를 받을 수밖에 없다.

물론 사죄한다고 해서 모든 문제가 저절로 해결되지는 않는다. 그렇다 하더라도 일단 사죄하는 것이 최선이다. 서툴게 변명하기보다 진심으로 고개를 조아리는 편이 상대방의 분노를 더 쉽게 누그러뜨릴 수 있다. 구체적인 보상이나 앞으로의 대책은 그다음 문제다. 한마디로 말해서 감정적인 문제일 경우 진심으로 사죄하는 것이 최선의 길이다.

물론 죄를 인정하면 상대방의 감정이 폭발할지도 모른다. 그러나 그것은 일시적일 뿐이다. 그리고 좋지 않은 감정의 찌꺼기를 남기기보다는 응어리를 완전히 제거하는 것이 앞으로의 인간관계를 원만히 이끌어가는 비결이 아닐까.

실수를 저질렀을 때도 마찬가지다. 상대방이 머리끝까지 화를 낸다면 일단은 미안하다고 사죄하는 것이 좋다. 거래처 사장이 갑자기 달려들어 멱살을 잡는다면, 아무 관계없는 부서에 있다 하더라도 일단 죄송하다고 사죄해야 일이 커지지 않는다. 대개 인간은 사죄하는 사람에게 막무가내로 분노를 터뜨리기 어렵다. 얼마 동안은 화를 내겠지만 시간이 지나면 저절로 감정이 가라앉을 것이다.

동물행동학자인 콘라트 로렌츠(K. Lorenz)에 따르면 패배의 행동에는 공격을 억제하는 효과가 있다고 한다. 다시 말해, 자신에게 백기를 든 상대방을 공격하는 사람은 없다는 뜻이다. 이것이야말로 일단은 사죄해야 한다는 데에 대한 타당한 이유가 아닐까.

비아냥대는 상대방에게 좋은 인상을 남기려면

만나는 사람들이 모두 내게 호의적이리라는 보장은 없다. 특히 사회생활을 하다 보면 험담이나 비아냥거림 등을 모두 피할 수는 없다. 다음과 같은 상황을 가정해보자. 입사한 지 3년째에 접어드는 샐러리맨으로 본사에 근무하는 당신은 지금까지 순풍에 돛을 단 듯이 승승장구했다. 그러나 어느 날, 지방 지점으로 가라는 전근 발령을 받았다. 그렇지 않아도 마음이 내키지 않았는데, 지점에 처음 출근하자마자 상사가 이렇게 비아냥거리는 것이 아닌가. "이런! 본사의 엘리트께서 어떻게 이런 시골구석까지 오셨을까?" 사무실 여기저기에서는 킥킥거리는 비웃음이 들려온다. 과연 이런 자리에서는 어떻게 대답해야 할까?

1. (얼버무리는 식으로) 글쎄요, 그게 무슨 말씀이시죠?

2. (겸손하게) 당치도 않습니다. 제가 무슨 대단한 존재라고요.

3. (쾌활하게) 지점에서 근무하는 것도 좋은 공부가 되니까요.

4. (미소를 지으며) 저는 이 지점에서 근무하고 싶어서 자원했습니다.

실제로 상사에게 "글쎄요, 그게 무슨 말씀이시죠?"라고 말할 수 있을까. 당신은 입사한 지 3년차인 신출내기이고, 게다가 상대방이 친한 상사도 아니다. 처음 보는 상사에게 그게 무슨 말씀이냐며 얼버무리기는 힘들 것이다. 즉 1번은 현실적으로 대답하기 힘들고, 뻔뻔스럽다는 인상을 줄 수도 있다는 점에서 좋지 않다.

언뜻 보기에 2번이 일반적인 대답처럼 보인다. 어쩌면 신참으로서는 최선의 대답이라고 생각할 수도 있다. 그러나 이 대답은 지나치게 겸손해서, 상사뿐 아니라 동료들에게도 무시당할 가능성이 많다. 나를 지키기 위해서는 강한 사람처럼 연기하는 것이 좋다. 만약 그 지점에 오래 있어야 한다면 첫날부터 무시당해서는 곤란하다. 첫날부터 무시당하면 지점을 떠날 때까지 계속 무시당하고 마는 무서운 현실에 부딪히게 된다.

3번은 말의 이면에 '지점도 좋지만 본사가 더 좋다. 그리고 어차피 나는 본사로 돌아갈 것'이라는 뜻을 담고 있다. 잘못하면 상대방의 비아냥거림을 비아냥거림으로 갚겠다는 인상을 줄지도 모른다. 물론 표정이나 몸짓으로 얼버무리면 이것도 괜찮을지 모르지만, 말로만 판단하면 좋은 대답은 아닌 것 같다.

이와 마찬가지로 "시골도 참 좋군요."라든지 "시골에는 정취가 있습니다."라는 말도 조심해야 한다. 나쁜 의도로 그런 말을 한 것이 아니더라도 듣기에 따라서는 시골이라고 무시한다고 생각할 수 있기 때문이다. 따라서 그와 비슷한 말은 될 수 있으면 피하는 것이 좋다.

여기에서 가장 좋은 대답은 4번이다. 자신이 원해서 지원하지 않았더라도 이렇게 말하면 상대방에게 좋은 인상을 남길 가능성이 높다. 거짓말이라도 상관없다. 이렇게 말했다고 해서 상사가 거짓말하지 말라고 공격하지는 않을 것이다. 거짓말이라는 것을 알더라도 마지못해 왔다고 하는 것보다는 기분 좋지 않을까.

그런 다음에 왜 이곳을 지원했는지 덧붙이면 더 좋다. 원래 초등학교를 여기에서 다녔다, 아버지가 태어난 곳이다, 이 지역의 특산품을 좋아한다, 스키나 낚시와 같은 취미생활을 하기에 좋은 지역이라는 식으로 이유야 얼마든지 찾을 수 있을 것이다. 어쨌든 그 지역에 애정이 있는 것처럼 연기하는 게 좋다. 자기 지역에 애정이 있다고 하는데 기분 나쁠 사람이 어디 있겠는가. 아마 이렇게 말하면 상사나 동료에게 좋은 점수를 받을 것이다.

아무리 살아 있는 부처 같은 사람이라도 험담이나 비난, 비아냥거림을 평생 피할 수는 없다. 그렇다면 그런 비난에 어떻게 반응해야 할지 미리 알아두면 좋지 않을까.

비난받았을 때 가장 좋지 않은 반응은 분노다. 당신이 화를 내면 상대방도 화를 내고, 그러면 또다시 당신이 화를 내는 끝없는 악순환에 빠질 수 있다. 게다가 화를 내는 것은 당신을 밧줄로 꽁꽁 묶어두려는, 상대방이 파놓은 함정에 빠지는 것이나 다름없다.

비난은 한쪽 귀로 듣고 한쪽 귀로 흘려보내는 것이 가장 좋은 방법이다. 다른 사람을 통해서 들었다면 모르는 척하는 것도 좋다. 특히 연기를 못하는 사람이라면 잠자코 있는 편이 낫다. 그러면 상대방은 '듣지 못한 것일까?' 생각하면서 또다시 비난하기는 어려울 것이다.

농담으로 처리하는 것도 한 방법이다.

"살 좀 빼시지. 돼지가 형님이라고 부르겠어." 상대방이 이렇게 빈정거리면 농담으로 되받는 것이다. "빼빼 마른 것보다는 적당히 살찐 게 보기에도 좋잖아? 앞으로는 뚱뚱한 사람이 더 인기가 있을지도 몰라. 너도 살 좀 찌우지 그래?" 그러면 상대방은 쓴웃음을 지으면서 논쟁을 그만둘 것이다. 이렇게 하려면 물론 유머 감각이 필요하지만, 어쨌든 밝게 대처하면 좋은 인상을 줄 수도 있고 그다음에 이어지는 공격도 막을 수 있다.

험담이나 비아냥거림이라고 생각하는 말 중에는, 상대방이 선의로 하는 경우도 있다. 당신을 공격하려는 것이 아니라 정말로 고치라는 의미에서 말이다. 그런 말들은 얼굴 표정이 아니라 목소리나 말투로 판단하는 것이 가장 좋다. "당신은 항상 지각을 하는군."이라는 말을 들었을 때, 그 말투가 가라앉은 것처럼 낮게 깔린다면 진심으로 개선하기를 바라는 경우다. 그렇다면 그것을 비아냥거림으로 생각하지 말고, 실제로 고치려고 노력하는 것이 좋다.

숨은 뜻을 이해하고 기회를 만들다

인생에는 수많은 기회가 숨어 있는데, 특히 사람들과의 대화 속에 자신의 가치를 올리는 기회가 있는 경우가 많다. 남의 말 속에 숨은 뜻을 파악하고 그에 잘 대답한다면 원하는 결과를 얻을 수 있다. 당신이 정치가의 비서이며 앞으로 정치가가 될 꿈을 가지고 있다고 해보자. 그러던 어느 날, 거물 정치가와 함께 술을 마실 기회가 있었다. 그 자리에서 거물 정치가가 "나는 골프를 치는데, 자네는 무슨 스포츠를 하나?"라는 질문을 했다면, 뭐라고 대답을 하는 것이 좋을까.

1. 저도 골프를 칩니다. 아직 서툴긴 하지만 정신없이 빠져 있지요. 하지만 100타를

깨려면 한참 멀었습니다.

2. 테니스입니다. 고등학교 때부터 했습니다.

3. 지금은 특별히 하는 스포츠가 없지만, 앞으로는 스노보드를 하고 싶습니다.

4. 저도 여름에는 골프를 치고, 겨울에는 스키를 탑니다.

일단 정치가의 질문 중에 자신이 골프를 친다는 대목에 주목해야 한다. 이것이 가장 중요한 부분이다. 아마 골프에 자신이 없다면, 이렇게 질문하지 않고 그냥 취미가 무엇이냐고 질문했을 것이다. 따라서 여기에서는 골프에 자신 있는 상대방의 자존심을 만족시켜주는 것이 좋다.

그런 의미에서 2번과 3번은 좋은 대답이라고 할 수 없다. 그냥 듣기에는 문제없지만 정치가가 기대하는 대답은 아니라는 뜻이다. 아마 이렇게 대답하면 대화는 거기서 막을 내릴 것이다. 언어적으로는 문제가 없어도, 뭔가 부족한 대답이다.

정치가의 속마음은 자신에게 골프에 대해서 물어달라는 것이지, 당신의 취미를 알고 싶다는 것이 아니다. 그러나 사람들은 상대방의 진심까지 들어가지 못하고 그 앞에 있는 함정에 빠지는 경우가 많다. 글로 써놓고 보면 "나는 골프를 치는데……."라는 말에 눈길이 쏠리지만, 귀로 들으면 "자네는 무슨 스포츠를 하나?"라는 말밖에 들어오지 않는다. 그러면 상대방은 이미 다른 생각을 하고 있는데 끊임없이 자신의 말만 늘어놓는 어리석은 짓을 저지르게 된다.

정치가의 입장에서 생각해보자. 골프라는 말을 꺼낸 것은 골프에 대해서 이야기하고 싶기 때문이 아닐까. 어느 골프장에 갔다든지,

외국에서는 어디를 돌아다녔다든지 하는 자신의 이야기를 하고 싶기 때문일 수도 있다. 그도 아니면 자신의 골프 실력을 찬사해주길 바라는 것일지도 모른다. 이야기를 있는 그대로 받아들이지 말고, 그 뒤에 숨어 있는 속마음을 알아내는 것이 카운슬링의 기본이다.

여기에서 정답은 1번이나 4번이지만, 4번은 약간의 위험이 있다. 상대방이 스키도 즐긴다면 이 대답에 호감을 가질 수 있지만, 그것이 명확하지 않다면 굳이 스키를 끌어들일 필요는 없다. 일단은 골프를 화제로 삼고, 그것이 정리되고 난 후 스키 이야기로 방향을 돌리는 것이 좋다.

1번은 골프에 서툴다는 사실을 강조했기 때문에, 상대방이 "그렇다면 다음에 가르쳐주지." "언제 골프장에 같이 가세."라는 말을 쉽게 꺼낼 수 있다. 그러면 앞으로도 계속 관계를 가질 수 있고, 거물 정치가의 자존심도 만족시킬 수 있지 않을까.

만약 골프를 치지 않는다면 "저는 테니스를 치지만 최근에 골프에 관심을 갖기 시작했습니다."라고 말하는 편이 좋다. 상대방의 대답에 동조해 나도 골프를 좋아한다고 말하는 것이 아부 같아서 마음에 들지 않는다면 새로운 것을 배울 수 있는 좋은 기회라고 사고 방식을 바꾸거나, "골프의 진정한 매력은 무엇입니까?" 하고 제3자로서 관심을 보이는 것은 어떨까. 이는 아부와 전혀 다르다.

그러면 상황은 좀 다르지만 비슷한 사례를 살펴보기로 하자. 당신은 친구를 따라 미팅에 참석했다. 남자 셋 여자 셋의 미팅으로, 적당히 술을 마신 다음에 2차로 노래방에 갔다. 노래방으로 가는 도중에 마음속으로 점찍은 여자와 나란히 걸을 수 있는 기회를 얻었다. 그때 그녀가 이렇게 말을 걸었다. "난 노래는 못 부르지만, 노래하는 것은 아주 좋아해요. 당신은 어때요?" 그녀에게 호감을 주려면 어떤 대답이 좋을까.

1. 노래방에 가본 적은 별로 없지만, 오늘은 열심히 노래를 부를 생각입니다.
2. 저와 똑같군요! 노래를 시작하면 친구들은 모두 귀를 막지만, 혼자 노래방에 갈 정도로 노래 부르기를 좋아합니다.
3. 저는 다른 사람의 노래를 듣는 것을 더 좋아합니다.
4. 저도 노래방에 가는 것을 좋아합니다. 댄스음악보다는 발라드를 좋아하지요.

그녀의 말을 자세히 살펴보면, 왠지 노래에 자신이 있는 듯한 느낌이 들지 않는가? 어쨌든 노래가 취미라는 것만은 틀림없는 사실이다. 그렇다면 여기에서는 취미가 비슷하다는 유사성의 원칙을 이용할 수 있을 것이다. 그렇다면 좋은 대답으로는 2번이 가장 유력하다. 4번도 나쁘지는 않지만 2번보다는 아니다. 그 이유는 나중에 말하기로 하고, 나머지 대답을 살펴보자.

1번은 그녀에겐 몹시 실망스러운 대답이다. 오늘은 열심히 노래를 부르겠다고 하지만, 평소에 별로 노래방 가는 것을 좋아하지 않았다면 앞으로도 노래방에 가자고 하기 어려울 테니까 말이다. 즉 유사성의 원칙에서 벗어난 말을 했기 때문에 좋은 대답이 아니다.

3번은 대답이라고 할 수도 없다. 그녀가 노래방에 자주 가는 것은 함께 노래를 부르기 위해서이지, 혼자 노래를 부르기 위해서가 아닐 테니까. 또한 아무리 음치라고 해도 혼자만 노래를 부르지 않는다면 분위기까지 썰렁하게 만들 수 있다.

이제 남은 것은 4번이다. 언뜻 보면 유사성을 강조하고 있어서 호감을 가질 것 같다. 그러나 4번 대답은 발라드를 좋아한다고 명확하게 밝히고 있다. 이것은 상당히 위험한 대답이다. 만약에 그녀가 댄스음악을 더 좋아한다면 어떻게 할 것인가. 노래방에 가기 전에 발라드를 좋아한다는 말을 들었다면 모르지만, 그게 아니라면 자신의 의견을 그대로 말하는 것은 조금 위험하다. 때문에 가장 안전한 정답은 2번이라고 할 수 있다.

그녀는 겸손하게 말하고 있지만 말의 이면에 노래에 자신이 있다는 분위기를 풍기고 있다. 그렇다면 자신의 노래 실력을 숨기고 상대방을 치켜세워주려고 노력해야 하지 않을까.

원래 겸손한 사람일수록 칭찬을 좋아하는 법이다. 칭찬을 받고 싶어서 일부러 겸손하게 행동하기 때문이다. "저는 아직 멀었습니다." "운이 좋았을 뿐입니다." 하며 입을 열 때마다 겸손하게 말하는 사람이 있는데, 그런 사람일수록 칭찬에 기쁨을 감추지 못하는 법이다. 겉으로 표현하지는 않아도 아마 칭찬해준 상대방에게 좋은 인상을 갖지 않을까. 실제로 노래방에 가면, 그녀의 노래 실력을 입이 닳도록 칭찬해주는 것이 좋다.

칭찬을 받아들이는 자세

반대로 칭찬을 받을 경우에는 어떻게 대처하는 것이 좋을까. 당신은 시계를 좋아하는 기획부 여직원이고, 그날그날 기분에 따라 손목시계를 바꿔 찬다고 가정해보자. 그러던 어느 날, 동료 여직원이 당신의 시계를 보고 말을 걸었다. "와! 시계가 아주 잘 어울리는데!" 이런 칭찬을 들었을 경우에는 어떻게 대답하는 것이 좋을까.

1. 그래? 네 목걸이가 더 멋있어!

2. 그래? 별로 마음에 들진 않아.

3. 하지만 이 시계에 맞는 옷이 별로 없어. 무슨 색깔의 옷이 좋을지 가르쳐줄래?

4. 하지만 시간이 잘 안 맞아.

칭찬을 받은 경우에는 앵무새작전이 가장 효과적이다. 다시 말해 상대방을 똑같이 칭찬해주는 것으로 서로에게 좋은 인상을 줄 수 있다. 그렇다면 1번이 정답일 수 있다. 실제로 1번을 선택한다고 해도 별문제는 없다. 그러나 이런 말을 자연스럽게 할 수 있는 사람이 얼마나 될까. 젊은 여성들 사이에서는 서로 칭찬하는 일이 많아졌지만, 아직까지 그렇게 자연스러운 일은 아니다. 일단 1번은 옆으로 제쳐두자.

2번은 정답이라고 할 수 없다. 말의 이면을 살펴보면 '당신의 미적 감각은 정말 이상하다'고 상대방을 모욕하는 것 같지 않은가. 상대방의 말에 동의를 표현하지 않으면 '모처럼 칭찬해주는데 거만하긴!'이라고 생각할 수도 있다. 본인은 겸손하게 말했다고 생각하지만, 상대방의 기분을 상하게 만들 가능성이 높다.

3번 대답은 매우 좋다. '나는 옷을 고르는 재능이 없다'는 의미와

'너에게는 그런 재능이 있으니 가르쳐달라'는 의미가 다 들어 있기 때문이다. 따라서 3번은 '시계를 칭찬해줘서 고맙다. 너에게는 이 시계에 어울리는 옷을 고르는 재능이 있다'고 상대방을 칭찬하는 것이다. 이 대답이야말로 단순한 앵무새작전을 뛰어넘어, 상대의 자존심까지 만족시킬 수 있는 좋은 대답이다. 사람은 원래 남에게 무엇인가를 가르쳐주는 것을 좋아하니 말이다. 4번은 대답도 아니기 때문에, 굳이 설명하지 않겠다.

한 가지 예를 더 살펴보자. 이번에는 비즈니스 상황을 가정해보겠다. 당신은 영업의 외길을 걸어온 지 벌써 8년째. 현재 과장이라는 직책에 있다. 지금까지의 고생이 열매를 맺어, 거래처와의 관계는 아주 원만하다. 어떤 문제가 일어나도 당신이 나서면 안 되는 일이 없다는 평판까지 얻었다. 그런데 어느 날, 부하직원이 실수를 해서 같이 사과를 하러 가야 할 처지에 놓였다. 사과하러 가자, 거래처 사장은 이렇게 말했다. "자네가 왔으니까 이제 안심이야." 당신을 칭찬하는 말이지만 상황이 일반적이지 않다. 어떻게 대응하는 것이 좋을지 생각해보자.

1. 그렇게 말해주시니 고맙습니다. 앞으로도 잘 부탁드립니다.

2. 우리 ○○가 이번에 실수를 저질렀는데, 아무쪼록 잘 부탁드립니다.

3. 이번 일에 대해서 진심으로 사과드립니다. 이번에 실수는 했지만 ○○는 뛰어난 직원입니다. 앞으로 많은 지도편달을 부탁드립니다.

4. 그렇습니까? 감사합니다. 그건 그렇고 이번에 ○○가 실수를 했는데 정말 죄송합니다.

이것은 상당히 어려운 문제다. 실수를 저지른 당사자도 그 자리에 있기 때문이다. 여기에서는 거래처 사장과 부하직원을 모두 만족시키는 전략이 필요한데, 그것은 1대1 상황보다 훨씬 어렵다. 물론 거래처 사장의 체면부터 세워줘야 하지만, 가능하면 실수를 저지른 부하직원도 수치심을 느끼지 않게 해야 한다. 그러기 위해서는 어떻게 하는 것이 좋을까.

일단 1번. 이것은 칭찬받았을 때의 반응으로는 아주 자연스럽다. 단지 부하직원에 대한 배려가 부족하다는 점이 아쉽다. 기가 죽은 부하직원을 격려하지 못했다는 점에서는 낙제점이다.

2번도 자연스러운 반응이지만, 역시 부하직원에 대한 배려가 부족하다. 부하직원의 신뢰를 얻지 못한다는 점에서 역시 문제가 있다.

그에 비해 3번은 '이번 사건이 너의 진정한 실력이 아니라고 믿고 있다'라는 부하직원을 향한 격려가 들어 있다. 이것은 상당히 좋은 대답으로, 거래처 사장도 '내 칭찬에 희희낙락하지 않고 부하직원을 칭찬하다니, 대단한 녀석이군.'하고 좋은 인상을 가질 가능성이 높다.

4번은 부하직원의 체면을 완전히 구기고 있다. 이렇게 대답하려면 실수를 저지른 부하직원을 왜 데려갔는가. 이 대답은 부하직원에게 '이 사람은 나를 공격의 대상으로 삼고 있다'는 복수심만 키우게 할 뿐이고, 거래처 사장이 당신을 칭찬하는 것도 고깝게 생각할 것이다. 결국 부하직원은 성장하지 못한다.

칭찬을 받으면 일단 앵무새작전을 이용해서 상대방도 칭찬해주어야 한다. 단, "당신도 멋있군요." 등의 직접적인 표현보다는 우회적인 방법으로 칭찬해주는 편이 좋다. 또 칭찬받은 이유를 다른 사람의 덕분으로 돌리는 것도 좋은 방법이다. 칭찬을 혼자 독차지하지 말아야 한다는 뜻이다. 예를 들어 부인이 착하다고 칭찬하면 "부장님께서 중매를 해주셨죠." 하며 부장을 칭찬하거나, "어려운 거래를 성사시켰다며? 정말 굉장하군."이라는 칭찬을 받으면 "이사님께서 도와주셨습니다."라고 이사에게 공로를 넘기는 것이다. 원래 이런 소문은 금방 퍼지기 때문에, 주위 사람들과의 관계에도 많은 도움이 될 것이다.

칭찬을 받은 경우, 바로 고맙다고 대답하는 것이 예의다. 그러나 아직 그것에 저항감을 느끼는 사람이나, 머리로는 알고 있어도 실제로는 못 하는 사람이 적지 않다. 그럴 때도 공로를 다른 사람에게 돌리는 방법이 좋지 않을까.

"○○씨. 일을 빨리 처리하는군요."라는 말에 "△△씨가 도와주었어요."라고 대답하거나 "아이디어가 정말 좋군요."라는 칭찬에 "감사합니다. 사장님의 의견이 큰 도움이 되었습니다."라고 대답하는 정도라면 실제로 할 수 있지 않을까. 게다가 단지 고맙다고 말하는 것보다 더 좋은 인상을 줄 수 있을 것이다.

6

심리를 프로파일링하다

진실은 사소한 데 숨어 있다

사람의 마음을 꿰뚫어 보다

1978년 1월 23일, 데이비드 워린이 일을 마치고 귀가하자 당시 임신 3개월이었던 아내가 배가 찢겨진 채 침실에서 죽어 있었다. 그는 비명을 지르며 옆집으로 뛰어들었고, 옆집 사람이 경찰에 신고했다. 너무도 큰 충격을 받은 나머지, 워린은 경찰이 도착한 후에도 벌벌 떨기만 할 뿐 한마디도 못 했다고 한다.

피해자인 테리 워린은 쓰레기를 내놓으려고 밖으로 나갔을 때 습격당한 것 같았고, 현관에서 침실까지 실랑이를 벌인 흔적도 남아 있었다. 머리에 4발의 총을 맞았을 뿐만 아니라 가슴부터 배꼽까지 칼로 그어져 내장의 일부가 밖으로 드러나 있었다. 성폭행을 당한 흔적은 없었다. 범인은 피해자의 입에 동물의 배설물을 채워 넣고, 피해자의 피를 요구르트 병에 담아서 마셨다고 한다. FBI 행동과학과에서는 범인의 모습에 대해서 이런 추리를 해냈다.

'백인 남성. 나이는 25~27세. 영양상태가 좋지 않고 빼빼 마른 체격. 피해자의 이웃에서 혼자 살고 있고, 집 안은 지저분할 가능성이 높다. 정신병을 앓았거나 마약을 사용한 경험이 있을 것이다. 직업은 없고 고등학교나 대학을 중퇴했다. 사람들과 별로 사귀지 않고 혼자 있는 일이 많다.'

그런데 놀라지 말라. 이 사건을 수사한 결과, 실제로 이 내용에 해당되는 사람이 범인으로 잡혔다.

이와 같이 한정된 사실에서 범인을 알아내는 것, 사실이라는 자료를 바탕으로 이끌어낸 추론이 바로 '심리학적 프로파일링(Psychological Profiling)'이다. 뛰어난 프로파일러는 아마추어의 눈에는 전혀 보이지 않는 추론을 끊임없이 반복한다. 마치 마법을 사용하는 것처럼 말이다. FBI 심리 분석관으로 유명했던 프로파일러 로버트 K. 레슬러(R. K. Ressler)는 1997년 일본에서 일어난 어떤 사건에 대해 한정된 정보만으로 범인은 미성년자라고 단언했다. 초등학생 소년의 머리가 다니던 초등학교 교문 앞에 놓여 있었던 전대미문의 끔찍한 사건이었다. 당시 일본 매스컴이나 경찰은 '범인은 사회의 반응을 즐기고 있을 것'이라고 추리했지만 미성년자일 거라고는 꿈에도 생각하지 못했다. 그러나 레슬러는 방송에 나오는 한정된 내용만을 듣고 범인의 나이를 산출해낸 것이다.

프로파일링은 현장의 상황이나 범행 수법을 통해서 범인의 모습을 추측해내는 분석법이다. 여기에서는 상대방의 몸짓이나 행동, 표정과 같은 한정된 사실에서 감정 상태나 본심을 추측해내는 과학이론을 소개하고자 한다. FBI가 하고 있는 범죄수사의 프로파일링과는 조금 다르지만 상대방의 마음을 꿰뚫어 보는 기법으로 생각하면 될 것이다. 프로파일링이란 프로파일을 작성한다는 뜻으로, '이런 행동을 하는 사람은 이런 성격을 가지고 있고 이런 심리 상태에 있다'는 식으로 상대방의 프로파일을 만들어가는 것이다.

실생활에서는 우리가 상대하는 사람이 바로 눈앞에 있다. 따라서 상대방의 표정과 약간의 몸짓, 목소리의 억양을 정보로 이용할 수 있다. 이것을 이용하지 않으면 어디에 이용하랴. 전쟁이나 비즈니스에서 가장 중요한 것은 신선하고 풍부한 정보가 아닌가.

만약 상대방의 동작에서 불안이 느껴진다면, 긴장하지 말라거나 마음을 편히 가지라고 따뜻하게 말해줄 수 있을 것이다. 또 동요하고 있다는 것을 알아차린다면, 그 점에 깊숙이 파고들어서 비즈니스에서 이익을 얻을 수 있지 않을까.

상대방의 심리 상태를 분명히 알면 심리적으로 우월한 위치에 설 수 있다. 그러면 싸움에서 선수를 칠 수 있을 뿐 아니라 상대방보다 한 걸음 앞서 나갈 수 있다. 사소한 행동이나 시시한 행동, 별 볼 일 없는 행동에 진실이 숨어 있다는 사실을 기억하기 바란다. 대부분의 사람들은 그런 행동을 그냥 무시해버리지만, 훈련을 쌓은 사람은 생생한 정보로 귀중하게 이용한다. 그리고 훈련을 많이 쌓으면 쌓을수록, 보려고 노력하지 않아도 진실이 보이는 법이다. 때로는 상대방이 진심을 말하는 작전을 사용하고 있다는 사실을 간파할 정도로, 진실은 생생하게 행동에 나타나게 마련이다.

예전에는 사람의 진심을 알아차리기 위해선 예술가와 같은 재능이 필요하다고 생각했다. 지금도 "사람의 마음은 알 수 없어요." "사람의 마음을 알고 배려하는 건 감성에서 나오는 거지요." 하고 탄식하는 사람이 많다. 그러나 사람의 마음을 간파하는 것은 결코 감성이 아니다. 물론 감성도 필요하지만, 그것보다는 정확한 규칙과 이론이 더 중요하다. 일단 중요한 것은 이론이다. 이론으로 무장한 사람과 그렇지 않은 사람과는 하늘과 땅만큼 차이가 난다. 일단 이론을 머릿속에 넣은 다음, 경험을 쌓고 감성을 연마해서 자기 나름의 이론을 수정하면 된다.

이런 사실은 셜록 홈즈를 보면 쉽게 이해할 수 있다.

셜록 홈즈 추리력의 비결은

사람의 마음을 간파하는 것, 이것은 어떤 작은 요소에서 추리해내는 작업을 말한다. 추리라는 단어를 들으면 대부분의 사람들이 명탐정 셜록 홈즈를 떠올릴 것이다. 그는 아주 작은 단서에서 놀라운 추리를 해내는 추리의 달인이다. '어떻게 그런 것까지 알아내지?'라고 혀를 내두를 정도로 그의 추리는 훌륭하다. 미국의 철학자 서머빌(J. Somerville)은 책에서 홈즈를 모델로 다음과 같은 예를 들고 있다.

여기에 목이 졸려 살해당한 피해자의 사체가 굴러다니고 있다고 하자. 그 주위에는 파이프의 담뱃재와 함께 범인의 것이라고 추측되는 발자국만 있다. 즉, 우리에게 있는 증거는 사체와 파이프의 담뱃재, 범인의 발자국뿐이다. 당신은 이 세 가지 사실에서 어떤 추리를 할 수 있을까? 현장에 있는 경찰관은 고개만 갸우뚱거리고, 파트너인 왓슨도 마찬가지다.

그런데 홈즈는 다르다. 그는 히죽거린 다음 자신의 특기인 추리를 전개해간다. 마치 그곳에는 선택받은 사람만이 볼 수 있는 사실이 있는 것처럼 말이다.

"이 범죄는 중국에서 돌아온 지 얼마 안 된 절름발이 어부가 저지른 것이 틀림없다."

세상에! 이 세 가지 단서에서 어떻게 이런 추리가 나올 수 있을까. 너무도 황당한 추리에 눈을 똥그랗게 뜨고 있는 왓슨과 경찰관을 힐끔 쳐다보면서, 홈즈는 다음과 같이 설명했다.

"이 발자국을 보게. 자네에게는 조금 커다란 발자국으로밖에 보이지 않지? 하지만 왓슨, 훈련을 쌓은 사람에게는 이 발자국이 많은 사실을 말해준다네. 이것을 보게나. 왼쪽 발자국이 오른쪽 발자국에 비해 한쪽 방향으로 치우쳐 있지 않나? 이것은 왼발을 절룩거린다는 증거네."

발자국의 모양에서 발을 절룩거린다는 추리가 나온 것이다. 이렇게 말하면 고개가 끄덕여지지 않는가. 홈즈는 황당한 추리를 한 것이 아니라 지극히 자연스러운 추리를 했을 뿐이다. 그러면 다른 추리는 어디에서 나온 것일까. 홈즈의 설명을 들어보자.

"그리고 아직 완전히 타지 않은 이 파이프의 담뱃재는 보통 담뱃재가 아니네. 내 담뱃재와 비교해보면, 중국의 어느 항구에서 영국인 어부에게 파는 싸구려 아편이라는 사실을 알 수 있지 않나. 또한 파이프에 남아 있는 흔적으로 보아 최근 것이며, 이런 아편은 오래

보관해둘 수 없기 때문에 범인은 최근에 영국에 돌아온 사람이라고 할 수 있지."

역시 홈즈다. 그의 말을 듣고 있노라면 저절로 탄성이 새어나오지 않은가. 그러면 어부라는 직업은 어디에서 유추한 것일까. 홈즈는 계속 말을 이어간다.

"그리고 왓슨. 범인이 숙련된 어부라는 사실은 희생자의 목에 감긴 끈의 매듭을 보면 알 수 있지. 그것은 신참 어부는 도저히 흉내낼 수 없는 기술이라네. 게다가 이 매듭은 상선(商船)의 승무원들은 거의 사용하지 않지."

참으로 경탄을 금할 수 없다. 이런 추리가 머릿속에서 순식간에 이루어지기 때문에, 홈즈는 앞에서 말한 결론에 도달할 수 있었다. 이것이 바로 추리다. 설명을 들으면 고개가 끄덕여지는 것. 그는 이치에 맞게 조금씩 추리를 진행했을 뿐이다. 다만 중간 과정을 설명해주지 않으면 우리처럼 평범한 사람은 그 결론을 이해하기 힘들 것이다. 프로파일링도 설명해주면 저절로 고개가 끄덕여진다는 점에서는 이와 다르지 않다. 단, 아무리 이치에 맞다고 해도 추론은 어디까지나 추론일 뿐, 항상 완벽한 것이 아니라는 사실을 기억해두기 바란다. 이것은 일기예보와 비슷해서, 대략적인 예상은 할 수 있어도 완전하지는 않다. 또한 신중하게 대처해야만 심리전에 강해질 수 있음은 두말할 필요도 없다.

사람의 심리 속에서 증거를 찾는 법

행동에서 나타나는 상대방의 진심

싫은 상사를 대할 때도 노골적으로 싫은 표정을 보이지 않는 것처럼, 사람은 의외로 감정을 감출 수 있다. 특히 얼굴 표정은 쉽게 조종할 수 있기 때문에 속아 넘어갈 확률이 높다. 그러면 어떻게 해야만 사람의 감정을 꿰뚫어 볼 수 있을까. 정답은 그 사람의 감정이 아니라 행동을 보는 것이다.

실제로 행동은 곧 감정에 연결되어 있고, 그 행동은 본인도 알아차리지 못하는 사이에 무의식적으로 이루어진다. 그렇기 때문에 숨길 수 없는, 그리고 머리로 조종할 수 없는 행동에서 감정을 간파하면 된다. 행동에서 나타나는 감정을 살펴보면 다음과 같다.

첫째, 고개를 뒤로 젖히는 동작은 경멸과 멸시, 혐오를 나타낸다. 당신 앞에 있는 사람이 가슴을 펼치면서 고개를 뒤로 젖힌다면, 그는 당신을 싫어하든지 경멸하는 것이다. 이 동작만으로 정확한 이유를 알 수 없지만, 어쨌든 상대방은 당신이나 당신의 말에 기분이 상해 있다. 그런 경우에는 재빨리 화제를 바꾼다거나 화장실에 가는 등 잠시 시간을 버는 것이 좋다.

이와 반대로 고개를 앞쪽으로 내미는 동작은 흥미나 호감이 있다는 것을 보여준다. 이런 경우에는 지금의 화제에 대해서 계속 이야기하거나, 물건을 파는 처지라면 제품에 대해서 더욱 자세하게 설명하는 것이 좋다.

둘째, 검지로 상대방을 가리키거나 주먹을 쥐는 동작은 위협을 나타낸다. 예를 들어 "당신은 말이지!"하면서 검지를 상대방에게 들이대는 동작을 볼 수 있다. 이 경우의 검지는 몽둥이나 단도의 역할이며, 그 사람은 상대방을 협박하고 싶은 것이다. 또 주먹을 불끈 쥐면서 탁자를 내리칠 듯한 동작도 위협을 나타낸다.

이것은 행동으로 보여주는 공포 설득이라고 할 수 있는데, 그 이면에는 우월한 위치에 서고 싶다는 심리적 배경이 깔려 있다. 그만큼 상대방은 당신에게 불쾌한 감정을 느끼고 있으며, 그는 말이 아니라 위협적인 동작으로 자신의 마음을 전달하려는 것이다.

만약 자신이 이런 동작을 취하고 있다면 검지를 내리든지 주먹을 펴는 것이 좋다. 이 동작은 상대방에게 강한 압박을 줄 뿐 아니라 불안이나 공포를 부추기고 안정을 잃게 만들기 때문이다. 전략적으로 사용한다면 상관없지만, 그렇지 않다면 상대방과의 관계를 어렵게 만드는 일이므로 그만두는 것이 좋다. 간혹 주먹 쥐는 버릇을 가진 사람을 만나는데, 그런 버릇은 되도록 고치는 것이 좋다.

셋째, 손으로 자신의 머리를 두드리거나 몸을 비스듬하게 기울이는 것은 지금 무엇을 생각하고 있다는 것을 나타낸다. 손으로 머리를 툭툭 때리거나 몸을 비스듬하게 기울여서 앞쪽을 보는 것은 지금 생각에 잠겨 있다는 뜻이다.

몸을 비스듬하게 기울이는 것은 '미안하지만, 나는 잠시 생각할 것이 있으니까 그냥 가만히 있어주겠니?'라는 뜻과 같다. 상대방이 사선 방향을 쳐다보고 있을 때 뭔가 이야기하면 대개 '미안하지만 못 들었어. 한 번 더 얘기해줄 수 있니?'라는 대답이 돌아온다. 그러므로 상대방이 몸이나 고개를 비스듬하게 기울이면 잠시 대화를 중단하고 상대방의 상황을 지켜보는 것이 좋다.

영업하는 사람이라면 상대방이 몸과 고개를 옆으로 향할 때는 잠시 생각하고 있는 것이니, 상대방의 생각을 방해하지 않도록 잠자코 지켜보는 것이 좋다. 그러나 초보 영업사원은 갑자기 입을 다문 상대방의 태도에 불안을 느껴 쓸데없는 이야기를 하게 되고, 상대방의 생각을 방해하고 만다. 물론 사기를 치는 경우에는 쓸데없는 생각을 하지 못하도록, 상대방이 어떤 행동을 보이느냐에 상관없이 자신의 이야기를 늘어놓지만 말이다.

넷째, 상대방과 나란히 앉는 경우, 중간에 물건을 두는 것은 거부나 어색함을 나타낸다. 심리적으로 상대방을 멀리하고 싶다는 표현인 셈이다. 당신은 도서관이나 커피숍, 지하철에서 책이나 가방을 옆에 두어 상대방이 가까이 오지 못하게 한 적 없는가. 이것은 앞에서 설명한 것처럼 개인 공간을 지키기 위한 행동으로, 책이나 가방을 둠으로써 자신의 영역을 확보하려는 속셈이다.

대부분의 사람들은 상대방이 너무 가까이 다가가면 부담을 느낀다. 미국의 심리학자 미들미스트(R. D. Middlemist)는 남자 화장실에서 아주 재미있는 실험을 했다. 화장실 한쪽에 '사용금지'라는 종이를 붙여놓고, 다른 사람의 바로 옆에서 소변을 보는 상황을 만든 것이다. 그리고 특수 카메라를 이용해서 화장실 사용자가 지퍼를 열 때부터 소변이 나올 때까지의 시간을 스톱워치로 계산해보았다. 그러자 누군가가 옆에 있으면 좀처럼 소변을 누지 못하고 긴장한다는 사실을 알 수 있었다. 상대방과의 사이에 무엇인가를 두는 이유는 무의식적으로 어색함을 느끼기 때문이다. 따라서 상대방이 당신과의 사이에 물건을 놓는 것은, 당신에게 친밀감을 느끼지 못한다는 증거다.

최근에 자리를 서로 마주보게 만들고, 그 사이에 낮은 칸막이를 만드는 패스트푸드점이 늘고 있다. 그렇게 하면 손님들이 서로 눈길을 마주칠 때마다 어색해서 빨리 먹고 빨리 자리에서 일어나기 때문이다. 즉 고객회전율을 높이기 위해 일부러 칸막이를 낮게 하고 마주보는 자리를 만드는 것이다. 당신은 그 이유를 알고 있었는가.

거짓말할 때, 여자는 상대방을 응시하고 남자는 시선을 피한다

범죄드라마에서 단골손님처럼 등장하는 거짓말탐지기는 정말로 거짓말을 판별할 수 있을까? 사실 불가능하다. 거짓말탐지기가 발견해내는 것은 감정의 변화로, 그것을 거짓말이라고 단정하기에는 무리가 따른다.

그렇다면 거짓말은 정말 구별해낼 수 없는 것일까. 그렇지는 않다. 심리학자들은 많은 실험을 통해 거짓말을 하는 사람들의 행동에는 몇 가지 특징이 있다는 사실을 알아냈다.

우선 거짓말을 하는 사람은 손을 숨기려고 한다. 손동작에서 자신의 거짓말이 탄로 날까 두려워서 손을 주머니에 넣거나 뒤로 잡으려는 경향이 있다고 한다. 그러나 이런 노력에도 불구하고 거짓말을 할 때는 손가락 끝이 불안하게 움직인다거나 딱딱해질 정도로 긴장하는 일이 많다.

두 번째 특징은 무심코 입이나 코를 만지는 동작이 많다는 것이다. 이것은 거짓말을 감추기 위해 자신의 입을 막는 것으로, 본심이 탄로 날까 두려워서 그것을 감추려는 행동이다.

거짓말하는 사람들의 세 번째 특징은 꼬고 있던 다리를 바꾸는 등 계속 자세를 바꾸려고 한다는 것이다. 빨리 도망치고 싶다는 무의식적인 욕구를 억제하는 동작이다. 또 거짓말과는 다르지만, 함께 하고 싶지 않은 사람과 술을 마실 때 꼬고 있던 다리를 자주 바꾸는 것은 빨리 집에 가고 싶은 욕구를 나타낸다.

네 번째, 거짓말을 할 때는 눈으로만 웃기 때문에 표정이 어딘가 부자연스럽다. 거짓말하는 사람은 마음속으로 항상 두려움에 떨면서, 거짓말이 탄로 나지 않기를 바란다. 그리고 불안한 표정을 감추기 위해 일부러 미소를 짓는다. 그러나 진짜 웃음은 입가에서 뺨에 걸쳐서 얼굴 전체의 근육이 느슨해지는 반면, 가짜 웃음은 눈으로만 웃는다. 이 웃음은 입과 눈의 균형이 맞지 않아 매우 부자연스러워 보인다.

마지막으로 거짓말을 할 때 여자는 상대방을 응시하고, 남자는 시선을 피한다. 내 거짓말이 탄로 나지 않을까 하는 불안은 남자보다 여자가 더 많이 느낀다. 때문에 여자는 상대방의 표정을 보고 거짓말이 탄로 났는지 확인하려고 한다. 그러나 남자는 거짓말로 죄책감을 느끼기 때문에 상대방의 얼굴을 똑바로 쳐다보지 못한다.

사랑하는 사람과는 눈을 오래 맞춘다

미국의 심리학자 헤스(E. Hess)는 어느 날 불이 밝게 켜진 방에서 책을 읽는 아내의 눈동자가 크게 확대된 것을 보았다. 그런데 심리학자였던 헤스는 고개를 갸우뚱거리지 않을 수 없었다. 심리학 교과서는 불이 켜진 방에서는 눈동자가 축소된다고 밝히고 있다. 그런데 불이 밝게 켜져 있는 방에서 책을 읽고 있는 아내의 눈동자가 커졌다는 것은 심리학 이론과 모순되는 일이 아닌가.

그 이후 헤스는 여러 실험을 통해 방의 밝기에 관계없이 사람은 흥미로운 것을 보면 눈동자가 커진다는 사실을 발견했다. 아기의 사진을 보면 여성은 평소보다 눈동자가 25퍼센트나 커지고, 여자의 누드사진을 보면 남자는 평소보다 눈동자가 20퍼센트나 커진다. 즉 눈동자를 보면 상대방의 관심이 어디에 있는지 알 수 있는 것이다.

단, 눈동자의 크기는 언뜻 보아서는 알 수 없기 때문에, 시선이 머무는 시간을 참고하는 것이 좋다. 우리는 일상적으로 대화를 나눌 때 '2~3초 시선을 맞춘다 → 1~2초 뗀다 → 다시 맞춘다 → ……' 는 식으로 눈을 마주친다. 그러나 상대방에게 호의를 갖거나 대화에 관심이 많으면 눈을 맞추는 시간이 길어진다. 루빈(Z. Rubin)이라는 심리학자는 사랑에 빠진 커플일수록 눈을 맞추는 시간이 길다는 사실을 실험으로 증명했다.

즉 눈길을 마주치는 시간이 길면 길수록 당신 또는 당신의 말에 관심이 많다는 것이고, 당신도 평소보다 눈길을 오래 맞춤으로써 상대방에게 호의나 관심이 많다는 것을 표현할 수 있다. 물론 너무 오래 쳐다보면 뻔뻔스럽다든지 노려보고 있다는 오해를 받을 수도 있지만 말이다.

또 성격 면에서 내향적인 사람보다 외향적인 사람이 눈길을 오래 마주친다는 것은 누구나 다 아는 사실이다.

나도 모르는 나를 상대방은 알고 있다

사람들은 대부분 자신이 다른 사람보다 좀 더 매력적이라고 생각한다는 조사 결과가 나왔다. 한마디로 말해서, 인간은 원래 모두 공주병, 왕자병 환자라는 뜻이다. 그런데 당신은 다른 사람의 눈에 자신이 어떻게 비치는지 생각해본 적이 있는가.

자신이 생각하는 당신과 다른 사람이 생각하는 당신은 많이 다를 수 있다. 당신은 자기 자신을 '누구와도 친하게 지내는 사람'으로 생각할지 모르지만, 다른 사람은 '화를 잘 내는 사람'으로 생각할 수 있다는 것이다. 이런 차이는 흔하게 나타난다.

사람은 상대방의 사소한 행동에서 첫인상을 만든다. 사람의 첫인상은 만난 지 몇 초 만에 정해진다는 실험 결과가 있을 정도다. 안경을 낀 것만으로 침착하다거나 성실한 사람이라는 인상을 줄 수 있으며, 그것은 이익일 수도 손해일 수도 있다.

적을 알고 나를 알면 백전백승이라고 했던가. 어쨌든 상대방이 자신을 어떻게 보는지를 아는 것은 그리 나쁘지 않을 것이다. 왜냐하면 당신의 인상에 따라서 상대방은 그에 맞는 전략을 사용할 게 틀림없기 때문이다.

외모에 따라 어떤 인상을 주는지 몇 가지 살펴보자.

먼저, 나이에 비해 어려 보이는 여성은 머리가 좋고 사교성이 뛰어나며 건강하다는 인상을 준다. 이것은 커닝햄(M. R. Cunningham)의 실험으로 밝혀진 사실이다. 이런 여성은 적극적일 것이라는 인상을 주어 사람들의 사랑을 독차지한다. 심리학자 베리(D. S. Berry)는 얼굴이 나이에 비해 어려 보이는 여성에게서는 정직하다는 인상을 받는다고 한다. 천진난만한 어린아이를 닮은 만큼, 이런 여성은 행운을 타고난 것이다.

다음으로 뚱뚱한 사람은 게으름뱅이거나 수다쟁이라는 인상을 준다. 뚱뚱한 사람에게는 왠지 움직이기 귀찮아하는 듯한 인상을 받지 않는가. 그렇기 때문에 게으름뱅이라는 딱지가 붙는 것이다. 크레치머(E. Kretschmer)에 따르면 뚱뚱한 사람은 조울증 기질이 있다. 그 특징 중 하나로 기분이 좋을 때는 사람들에 대한 애정 표현이 풍부하다. 그래서 붙임성이 좋다. 이것만으로도 수다쟁이라는 인상을 가질 만하지 않을까.

세 번째, 마른 사람은 신경질적이라는 인상을 준다. 크레치머의 성격유형에 따르면 마른 사람에게는 분열증 기질이 있다. 주로 자기 세계에 갇히는 내향적 성격이라는 뜻이다. 주위 사람을 보아도 알 수 있듯이, 빼빼 마른 사람에게서는 신경질적이라는 인상을 받는다. 좋게 말하면 섬세한 것이지만, 신경이 예민할 것 같다는 느낌은 지울 수 없다.

네 번째로, 근육질의 사람은 자기중심적이거나, 혈기왕성하고 사회성이 풍부하다는 인상을 준다. 근육질의 사람은 남성적이라는 이미지가 있다. 즉 자기 자신만을 믿고 꿈을 향해 달려가는 인상이다. 심리학자 디비어스의 조사에 따르면, 연구자도 놀랄 만큼 근육질의 사람이 사회성이 풍부하다는 인상을 주었다고 한다. 근육질이 남성적인 특징이기 때문에 독불장군이라는 인상을 줄 것이라고 예상했는데, 결과는 오히려 사회성이 풍부할 거라는 인상을 받는다고 나왔다. 기골이 장대한 모습이 주위 사람을 자기편으로 만들고, 그것이 사회성으로 이어진다고 생각한 것일까. 어쨌든 근육질의 사람에게서 풍부한 사회성을 느끼는 것만은 틀림없는 사실이다.

마지막으로 수염을 기른 사람은 완고하다는 인상을 준다고 한다. 이것은 롤(S. Roll)과 비리니스(J. S. Virinis)라는 심리학자들의 실험으로 밝혀졌다. 그들에 따르면 가슴 털에서는 야만적인 느낌을 받는다고 한다. 기본적으로 콧수염이든 턱수염이든 수염은 좋지 않은 인상을 준다. 따라서 영업사원이 매일 아침마다 정성껏 수염을 깎는 것은 좋은 습관이라고 할 수 있다. 물론 완고함을 주장하고 싶을 때는 이야기가 다르다. 가령 승진해서 높은 지위에 있으면 부하직원들에게 위압감과 함께, '나는 절대로 굴복하지 않겠다!'는 인상을 주고 싶을 수도 있다. 그런 때는 수염을 기르는 것이 매우 효과적이다.

색은 마음을 감각적으로 뒤흔든다

색채심리학자들은 색깔과 마음이 서로 밀접한 관련이 있다고 주장한다.

타이거 우즈가 골프 투어의 마지막 날에 빨간색 셔츠를 입는다는 것은 유명한 이야기다. 빨간색 셔츠를 입음으로써 자신의 투지에 불을 붙이겠다는 의지표현이다. 비즈니스맨 사이에서 빨간 넥타이는 파워 타이(power tie)라는 별칭을 가지고 있다. 만약 비즈니스 협상 장소에서 상대방이 빨간 넥타이를 매고 있다면, 상대방이 필사적인 각오로 나왔다고 생각해야 한다. 또는 나에게 심리적인 압박을 주려는 것은 아닌지 미리 대비할 필요가 있다.

옌슈(E. R. Jaensch)는 사람을 '빨간색, 오렌지색, 노란색과 같은 따뜻한 계열의 색'을 좋아하는 사람과 '파란색, 하얀색과 같은 차가운 계열의 색'을 좋아하는 사람으로 나누고, 전자는 사회에 적극적으로 적응하려고 하는 객관적 외향형, 후자는 자신의 세계에 갇히기 쉬운 주관적 내향형이라고 구분했다.

비렌에 따르면, 빨간색을 좋아하는 사람은 감정의 기복이 심하고, 파란색을 좋아하는 사람은 내향적이며, 갈색을 좋아하는 사람은 대범하고 성실하고, 검은색을 좋아하는 사람은 양면성을 가진다고 한다. 자신의 옷장을 열어보면 자신의 성격을 알 수 있고, 상대방이 입고 있는 옷을 보면 그 사람의 성격을 추측할 수 있을 것이다.

그리고 색깔을 이용하는 것도 아주 중요하다. 상대방을 강하게 압도하고 싶으면 빨간색 옷을 입는 것이 좋고, 안정된 분위기 속에서 이야기하고 싶다면 검은색이나 갈색 옷을 입는 것이 좋다.

색깔은 사람의 마음을 감각적으로 뒤흔들기 때문에, 상대방은 거의 효과를 눈치 채지 못한다. 여기에 무서운 색깔의 심리가 숨어 있는 것이다.

일상 속 심리 프로파일

서로 닮아가고 따라간다는 것

동화작용이란 자신도 모르는 사이에 다른 사람의 행동을 흉내 내는 것을 가리킨다. 예를 들어 상대방이 턱을 괴면 자신도 덩달아 턱을 괴거나, 상대방이 발을 꼬면 자신도 저절로 발을 꼰다. 학자에 따라서는 이것을 자세반향(姿勢反響)이라고도 하고 미러링(mirroring)이라고도 한다.

일반적으로 말하면 집단에서 지위가 높은 사람일수록 동화대상이 된다. 왜냐하면 지위가 높은 사람과 낮은 사람이 같이 있으면 지위가 높은 사람이 먼저 행동하기 때문이다. 사장과 함께 있는 전무의 행동을 관찰해보자. 사장이 담배에 불을 붙이면 전무도 덩달아 담배에 불을 붙이고, 사장이 커피를 마시면 전무도 커피잔에 손을 댄다. 그들 사이에서 전무가 먼저 행동하는 일이 거의 없다.

방문판매를 할 때, 운 좋게 집 안까지 들어가는 경우가 있다. 그런 경우에는 일단 목표를 정해서, 아내가 경제권을 가진 것 같으면 아내를, 남편에게 있으면 남편을 설득하는 것이 성공의 지름길이다. 이런 식으로 동화작용의 원천이 되는 인물만 파악할 수 있다면 비즈니스에서도 쉽게 성공할 수 있다.

때로는 판매하려는 물건에 대해서 설명하기 전에 가족의 동화작용을 파악하는 방법도 있다. 예를 들어 할아버지의 힘이 강하다면, 할아버지가 편안하게 앉으라고 말하기 전까지 아이들은 긴장감을 풀지 못할 것이다.

교재를 판매하는 친구의 말에 따르면, 부모가 어린아이의 행동에 동화되는 경우도 많다고 한다. 숨어 있는 실력자가 바로 어린아이인 것이다. 그런 경우에는 어린아이를 설득해서 "엄마. 이 책 사주세요." 하고 엄마를 조르게 하는 것이 효과적이다.

또 상대방과 마음 편하게 이야기할 때, 상대방에게 호의를 갖고 있을 때, 이야기에 정신없이 빠져 있을 때에도 동화되는 모습을 쉽게 볼 수 있다. 카페에서 보면, 사이가 좋아 보이는 사람들일수록 거울에 비친 듯이 똑같은 행동을 하는 경우가 많다. 따라서 상대방이 당신과 똑같은 동작을 하거나 똑같은 행동을 한다면, 상대방이 당신에게 마음을 열어놓고 있거나 좋은 감정이 있다는 것이다. 그리고 때로는 당신이 상대방의 행동을 따라함으로써 관심이나 호의를 전달할 수도 있다.

회의 때 활용하는 프로파일링

누구에게나 '적'은 있다. 경쟁 회사뿐 아니라 같은 회사 안에도 적은 있기 마련이다. 그런 적을 물리치고 당신의 의견과 기획을 통과시키기 위해서는 어떻게 하는 것이 좋을까. "당신은 내 적입니까?" 이렇게 노골적으로 묻고 싶어도, 그렇게 대담무쌍한 질문을 할 수는 없지 않은가.

설사 상대방이 아군이라고 해도, 믿음이 잘 가지 않는다. 사람처럼 태연하게 거짓말하는 동물이 어디 있으랴. 그렇다면 상대방의 사소한 행동을 보고 적인지 아군인지를 판단하는 것이 가장 빠른 지름길이다.

사내회의에 참석하는 구성원은 거의 같다. 같은 사람들끼리 모인 회의가 반복된다. 그럴 때 사용할 수 있는 프로파일링이 바로 '스틴저의 원칙'이다.

스틴저의 첫 번째 원칙은 '사람은 예전에 입씨름한 경험이 있는 사람이 같은 회의에 참석하면 그 사람의 정면에 앉는 경향이 있다'는 것이다. 사람은 무의식적으로 적의 정면에 앉는 버릇이 있다. 만약 자신의 의견에 반대한 사람이 있다면, 다음 회의에서는 그 사람 앞에 앉는 것이 좋다. 그 사람만 굴복시킬 수 있다면 자신의 기획안을 확실하게 통과시킬 수 있기 때문이다.

당신이 말싸움에 소질이 없다면 당신의 정면에 친한 친구를 앉히는 것이 좋다. 그리고 무조건 당신의 의견에 찬성하게 만들어라. 그러면 자신의 의견을 원만하게 통과시킬 수 있을 것이다.

'찬성의견이 계속되면 반드시 반대의견이 나타난다'는 것이 스틴 저의 두 번째 원칙이다. 어떤 의견에 사람들이 찬성하면 갑자기 그 의견에 반대하고 싶어지는 것이 사람의 심리다. 머리로는 찬성이더 라도 갑자기 반대하고 싶어지는 것이다. 따라서 모든 사람이 당신의 의견에 찬성했을 때, 어느 한 사람이 반대한다고 해서 그 사람이 반 드시 당신을 싫어한다고 생각할 필요는 없다. 단지 그 사람은 모두 가 찬성하기 때문에 다른 의견을 냈을 뿐이니까. 그것을 모르고 그 사람에게 화를 낸다면 스스로 문제의 씨앗을 뿌리는 결과가 된다.

스틴저의 세 번째 원칙에 따르면 '회의 자리에서 의장의 리더십 이 약하면 사람들은 정면에 있는 사람과 이야기하고, 의장의 리더 십이 너무 강하면 옆 사람과 이야기하는 법'이라고 한다. 이 원칙은 '우리 의장에게 리더십이 있는가?'를 판단할 때 많은 도움이 된다. 또한 자신이 의장이 되었을 때, '참석자들이 나를 어떻게 생각하고 있는가?'를 판단하는 데도 도움이 된다. 잠시 회의를 멈추고 주위를 둘러보기 바란다. 만약에 사람들이 정면에 있는 사람과 대수롭지 않게 이야기하면 의장의 권력이 약한 것이고, 반대로 옆 사람과 이 야기하면 모든 사람이 의장을 두려워하는 것이다.

전략적으로 약한 모습 보이기

고개를 앞으로 숙이거나 눈을 내리깔거나 불안하게 두 손을 잡고 있으면 복종의 의미다. 그런 동작은 상대방에게 승복한다는 표현이고, 더 이상 자신을 공격하지 말라고 호소하는 효과가 있다. 만약에 상대방이 그렇게 행동한다면 당신이 심리적으로 유리하다고 판단하고 도움의 손길을 내미는 것은 어떨까. 복종의 원리를 알아두면, 의식적으로 복종함으로써 상대방의 날카로운 분노를 피할 수 있다.

한 가지 예를 들어보자. 신호위반으로 경찰이 차를 세우면 대부분의 사람들은 그냥 앉은 채 창문을 열고, 신호를 위반하지 않았다고 주장하거나 변명만 늘어놓는다. 그러나 그런 변명은 통할 리 없고, 결국 신호위반 딱지만 받을 뿐이다. 그럴 때는 변명하기보다 의식적으로 복종하는 것이 좋은 방법일 수 있다. 그러면 상대방도 더 이상 강하게 공격하지 못하고, 어쩌면 벌금 딱지를 떼지 않을 수도 있다. 왜냐하면 복종은 상대방의 공격을 억제하는 힘이 있기 때문이다.

특히 권위를 자랑하는 사람에게 효과적인 방법이 있다. 앞의 예처럼 신호위반으로 경찰에게 잡힌 경우라면, 일단 차에서 내리는 것이 좋다. 자동차는 운전자의 개인 공간이라 자신도 모르는 사이에 지위를 높여주는 효과가 있다. 따라서 개인 공간에서 탈피하여 복종하고 있음을 보여주어야 한다. 그다음으로 눈길을 마주치지 않고 고개를 숙인 채 힘 빠진 자세를 보이는 것이다. 상대방보다 내가 낮은 지위에 있다는 사실을 전달하고자 함이다. 만약 경찰관보다 키가 크다면 무릎을 조금 굽히는 것이 좋다. 그리고 복종의 의미를 지닌 어휘, "정말 죄송합니다. 미안합니다."라는 말로 사죄하면서 모든 결정을 상대방에게 맡기는 태도를 취한다.

이 방법을 동시에 취하면 경찰관은 계속 적의를 드러내기 힘들 것이다. 이런 전략은 상사가 화를 낼 때도, 거래처에 사과를 해야 할 때도 이용할 수 있다. 경험으로 알 수 있지만, 상대방이 복종하면 더 이상 추궁하지 않는 것이 사람의 심리다. 그렇기 때문에 이 전략을 잘 이용하면 놀라운 효과를 얻을 수 있다.

소리를 줄이고 화면만 보는 재미를 느껴보자

우리는 평소에 사람들의 입에서 나오는 말은 듣지만, 온몸에서 흘러나오는 말에는 귀를 기울이지 않는다. 그러나 심리전에서 승리하기 위해서는 입에서 나오는 말뿐 아니라 몸에서 나오는 말에도 귀를 기울여야 한다. 신체언어에 귀 기울이면, 상대방의 교묘한 말에 넘어가지 않을 수 있다. 가끔 귀를 닫고 몸에서 나오는 말을 읽어보면, 서서히 신체언어를 통해 상대방의 진심을 파악할 수 있을 것이다.

만약 어떻게 해야 할지 모르겠다면, 비디오를 볼 때 소리를 줄이고 주인공의 행동만으로 줄거리를 파악해보는 것은 어떨까. 처음에는 어렵겠지만, 차츰 등장인물의 신체언어를 통해 줄거리를 파악할 수 있을 것이다.

이렇게 해서 신체언어를 알면 상대방의 거짓말을 바로 알아챌 수 있다. 가령 입으로는 "재미있는 기획이군요. 한번 고려해보지요."라고 해도, 몸짓을 보면 거부하고 있다는 사실을 알아차릴 수 있다. 설마 하고 고개를 저을지도 모르지만, 이것은 틀림없는 사실이다. 그때 지금까지 설명한 프로파일링을 참고하면, 짧은 시간 안에 심리

추리의 법칙을 자기 것으로 만들 수 있을 것이다.

실제로 빠른 사람은 일주일이면 멀리 떨어져 있는 사람을 보면서 누가 이야기의 주도권을 잡고 있는지, 누가 빨리 집에 가고 싶어 하는지를 거의 완벽하게 알아맞힐 수 있다. 이야기의 내용을 듣지 않고도 말이다.

회의에 참석하지 않아도 결정을 내릴 때까지 걸린 시간을 보면 그 안건이 어떤 식으로 결정됐는지 알 수 있고, 자신이 입고 있는 옷 색깔이 상대방에게 어떤 인상을 주는지도 알 수 있다. 그렇기 때문에 일상생활 속의 다양한 장면에서 유리한 고지를 차지할 수 있는 것이다.

몇 번씩 강조하지만, 심리학 실험에서 나온 테크닉은 단순한 지식이 아니다. 여기에서 소개한 프로파일링도 단순히 재미있는 일화가 아니라, 살아 있는 지식이며 실제로 쓸 수 있는 멋진 테크닉이다. 더구나 거짓말탐지기 같은 장치도 필요 없고, 단지 상대방을 바라보는 눈만 있으면 된다.

오른쪽이 왼쪽보다 인기가 많다

프로파일링과는 상관없지만 재미있는 법칙을 하나 소개해볼까 한다. 여기 네 개의 스타킹이 있다고 하자. 스타킹은 왼쪽에서 오른쪽으로 가지런히 놓여 있다. 그때 한 사람이 다가와서, 이 네 개의 스타킹 중에서 좋아하는 스타킹을 선택하라고 했다. 감촉을 알아보기 위해 직접 만져보아도 상관없다고 했다.

이런 경우, 사람들은 어떤 스타킹을 선택할까. 이 정도의 정보만으로 어떻게 아느냐고 반문할지 모르지만, 천만의 말씀이다. 나는 사람들이 어떤 스타킹을 선택할지 알고 있다. 이미 니스베트(R. E. Nisbett)와 윌슨(T. D. Wilson)이라는 심리학자가 실험을 통해 그 답을 확인해주었기 때문이다.

니스베트와 윌슨은 이런 가설을 세웠다.

우리는 보통 물건을 볼 때 무의식적으로 왼쪽에서 오른쪽으로 시선을 옮긴다. 글을 읽을 때처럼 왼쪽에 있는 물건에서 오른쪽에 있는 물건으로 움직이는 것이다. 따라서 가장 오른쪽에 있는 물건을 가장 마지막에 판단한다. 그런데 인간에게는 '친근효과(親近效果)'라는 심리 메커니즘이 있다. 이것은 가장 최신 정보가 가장 중요하다고 생각하는 메커니즘이다. 그렇다면 사람들은 가장 오른쪽에 있는 물건을 최고라고 생각하지 않을까?

이 가설을 확인하기 위해 니스베트와 윌슨은 소재와 색깔이 똑같은 스타킹을 사람들에게 보여주며 마음에 드는 것을 고르라고 했다. 물론 똑같은 스타킹이기 때문에 사람들은 많은 고민을 했다. 그러나 구태여 어느 하나를 선택하라고 하자, 사람들은 가장 오른쪽에 있는 스타킹을 선택했다. 니스베트와 윌슨이 예상했던 그대로였다.

이 결과는 어디에 응용할 수 있을까? 우선 회의나 파티, 미팅을 예로 들어보자. 만약에 대면식 테이블인 경우 상대방의 시선에서 가장 오른쪽에 앉는 것이 좋다. 그러면 상대방은 당신을 가장 마지막에 판단할 것이고, 친근효과에 의해 상대방에게 좋은 인상을 줄 수 있다.

　여기에 재미있는 이야기가 있다. 언니가 선을 보는 자리에 여동생이 따라 나왔다. 언니는 주인공이기 때문에 당연히 중앙에 앉고, 직접 관계가 없는 동생은 일부러 가장 오른쪽에 앉았다. 그런데 막상 뚜껑을 열어보니, 상대방 남성은 동생에게 매료되어 언니가 아니라 동생과 결혼하겠다는 것이 아닌가. 단순히 웃어넘길 이야기가 아니다. 만약에 중매쟁이가 니스베트와 윌슨의 실험 결과를 알고 있었다면, 이런 일을 피하기 위해 동생을 오지 못하게 하거나 언니를 가장 오른쪽에 앉게 했을 것이다.

　이 연구는 상품을 놓는 장소에도 응용할 수 있다. 예를 들어 매장 선반에 상품을 진열할 경우, 가장 오른쪽에 놓으면 그만큼 그 상품의 매출은 늘어날 것이다. 가령 품질이 뒤떨어진다 하더라도, 단지 오른쪽에 있다는 이유만으로 매출이 늘어나기도 한다.

　신문이나 잡지에 광고를 내는 경우, 가장 광고료가 비싼 곳은 '오른쪽 위'라는 사실을 알고 있는가. 이것도 역시 '오른쪽'의 '위'가 가장 시선을 끄는 위치이기 때문이다. 광고업자는 사람들이 '오른쪽'을 좋아한다는 사실을 경험적으로 알고 있다. 그렇기 때문에 오른쪽 위의 광고료가 가장 비싼 것이다.

　결론을 내리면 한 줄로 물건을 놓을 때, 가장 팔고 싶은 물건을 오른쪽에 배치하는 것이 좋다. 그러면 소비자는 자신도 모르게 왼쪽에 있는 물건보다 오른쪽에 있는 물건을 선택할 것이다. 어쨌든 오른쪽이 왼쪽보다 많은 이점이 있다. 이 원칙은 아주 간단하지만 응용할 수 있는 분야가 많기 때문에, 알아서 손해 보는 일은 없을 것이다.

   지금까지 상대방의 행동에서 심리 상태를 간파하는 법칙과 응용 방법을 알아봤다. 그리고 범죄 수사와는 다르지만 '상대방을 꿰뚫어 보는 기술'이라는 뜻에서 프로파일링이라는 단어를 사용했다. 범죄 수사의 프로파일링은 어설픈 추리소설보다 훨씬 흥미진진하니, 그런 종류의 책을 꼭 한번 읽어보기 바란다.

7

냉혹한 현실에서 살아남기 위한
최소한의 실전 지식

사람을 속이는 이면의 심리학

심리학의 최전선에서 살아남은 정예병

지금까지 심리전에서 승리하기 위한 여러 가지 원리와 테크닉을 소개하면서, 비즈니스와 친구 관계, 자기 계발에 이르기까지 폭넓은 영역을 대상으로 설명했다. 아마 이런 테크닉을 적절하게 사용하면 성공이나 승리는 당신 곁으로 확실히 다가갈 것이다.

그러나 지금까지는 주로 외적인 면만 다루었고, 이면에서 이루어지는 심리전에 대해서는 별로 언급하지 않았다. 한마디로 말해서 아주 깨끗한 심리전만을 취급한 것이다.

그러나 현실은 그렇게 만만하지 않다. 우리 사회에는 사기나 속임수가 너무 만연해 있기 때문이다. 그곳에서는 이면의 심리전이 아주 자연스럽게 이루어지면서, 표면의 심리전을 비틀고 또 비트는 독특한 전술을 사용하고 있다. 이면의 심리전에서는 여러 가지 테크닉과 여러 가지 심리학적 법칙들, 그리고 언뜻 보면 도저히 알 수 없는 교묘한 전술이 이용되고 있다. 따라서 표면의 심리학밖에 모르는 사람들은 자신도 모르는 사이에 사기나 속임수에 걸릴 것이다.

표면의 심리학 전술을 배운 사람이 '온실의 화초 같은 엘리트 참모'라면, 이면의 심리학을 이용하는 사람은 '최전선의 전쟁터에서 살아남은 정예병'이라고 할 수 있다. 엘리트 참모는 승부를 게임이라고 생각하지만, 정예병은 그렇지 않다. 정예병에게 심리전은 살아남아야 할 현실로, 승리를 위해서라면 그들은 어떤 지저분한 수법도 마다하지 않는다. 전쟁에서는 승자가 곧 정의인 것처럼 이 세계에서는 속이는 사람이 곧 정의이고, 속는 사람은 패배자에 지나지 않는다.

현실이 이렇게 냉혹한 이상, 이면의 심리학에 대해서도 알아두어야 하지 않을까. 실제로 사용하느냐 사용하지 않느냐는 제쳐두고, 이면의 심리전을 모르면 계속 속아 넘어갈 뿐이다.

여기에서는 사기를 주제로 '사기꾼은 어떤 테크닉을 사용해서 사기를 치는지' '사람들은 왜 쉽게 속아 넘어가는지'에 대한 심리 메커니즘을 설명하고자 한다. 심리학적인 테크닉이나 메커니즘은 이미 설명했고, 여기서는 지금까지의 내용을 총정리하는 것이다. 단 각각의 테크닉을 알고 있다고 하더라도, 여기에서는 여러 가지 테크닉이 뒤섞여 있기 때문에 이해하기 힘들 수도 있다. 이것은 산소와 철은 쉽게 알 수 있지만, 화학반응을 일으켜서 산화철이 되면 어떻게 되는지 알아내기 힘든 것과 마찬가지다.

이면의 심리학에서 패배하면 엄청난 금액의 부채를 껴안게 되거나, 땅을 빼앗기거나, 소중한 인생을 엉망으로 만들 수도 있다. 그런 의미에서는 진짜 전쟁이나 마찬가지다.

"나는 절대로 속지 않는다!"

그렇다. 모든 사람들이 이렇게 큰소리친다. 그것은 어디에서 오는 자신감인가. 무엇을 근거로 그렇게 말하는가.

이 장에서는 이렇게 큰소리를 칠 수 있는 자신감을 제공하고자 한다. 적의 수법이나 메커니즘만 알고 있으면 이 세상에 두려운 것이 무엇이랴. 일류 사기꾼에게 승리하는 것은 불가능하다. 그러나 패배하지 않는 것은 얼마든지 가능한 일이다.

case1: 인터넷 게시판에 올라온 글

요즘에도 인터넷 사기는 끊이지 않고 일어나고 있다. 누구나 쉽게 이용할 수 있는 인터넷 게시판에 다음과 같은 글이 실려 있다고 하자.

> 오직 당신만을 생각하는 M이라는 여성을 소개하고자 합니다. 단, 여기는 회원제이므로 회비 5만 원을 ○○은행의 ○○구좌로 넣어주십시오. 입금이 확인되는 대로 자세한 내용을 보내드리겠습니다.

조금 수상쩍긴 하지만, 5만 원에 목숨 걸 내가 아니다. 만약 속았다고 해도 땅을 치고 후회할 만한 일도 아니고, 고작해야 한 번 술 먹었다고 생각하면 된다.

은행에 입금하자마자 약속한 대로 안내문이 도착했다. 들뜬 마음을 가라앉히면서 클릭했다. 세상에 맙소사, 몇몇 여자들의 전화번호가 적혀 있는 것이 아닌가. 안내문에는 '이 전화번호를 이용하여 M이라는 여성을 찾으십시오'라고 쓰여 있다. 감쪽같이 속았다!

그와 함께 특별회원이 되면 중간의 복잡한 절차를 생략하고 M을 바로 소개해준다고 쓰여 있다. 특별회원의 가입비는 300만 원! 당신은 결국 분을 삭이기 위해 상대방에게 욕을 잔뜩 적어 이메일을 보내지만, 최초의 5만 원은 시궁창에 버린 것이나 마찬가지다.

이것은 미끼를 사용하여 낚시를 하는 것이기 때문에 언뜻 보면 풋 인 더 도어 테크닉이라고 할 수 있다. 다만 다음에 엄청난 부탁을 해서(이 경우에는 300만 원) 거절하게 만드는 것은 도어 인 더 페이스 테크닉을 변칙 사용한 방법이라고 할 수 있다.

여기에서는 첫 번째 부탁이 진짜 목표한 금액이고, 그다음 부탁은 거절하게 만들려는 것이다. 처음부터 두 번째 금액은 상관없었다. 첫 번째에서 돈만 뜯어내면 된다는 것이 이 테크닉의 핵심이다.

만약에 300만 원을 입금시키면 어떻게 될까. 그러면 M지역 출신의 여성과 맞선 파티를 벌인다는 안내문이 도착한다. M은 곧 M지역 출신의 여성을 의미한다. 물론 그 여성과 어떻게 되느냐는 맞선 파티에 참석한 본인의 실력에 달려 있다. 또다시 레토릭 테크닉에 속아 넘어가는 것이다.

그리고 만약에 맞선 파티에 나가면, 이번에는 결혼사기꾼이 나타나서 전 재산을 교묘하게 빼앗을 것이다. 결국 속을 수밖에 없고, 오히려 피해금액만 커질 뿐이다.

case2: 경리부로 날아온 카드 영수증

닥치는 대로 우편물을 보내는 사기 수법을 소개한다. 예를 들어 어느 기업에 술집이나 단란주점의 이름으로 가짜 청구서를 보내는 것이다. 상장기업에는 보통 100만 원 미만, 그렇지 않은 기업에는 30만 원 미만이라는 금액까지 정해져 있다. 전화를 걸어보면 가짜 청구서라는 것이 명백하지만, 실제로는 놀랍게도 4분의 1 정도가 돈을 입금시킨다고 한다. 이런 종류의 사기는 실제로 술집을 경영한 경험이 많은 사람이 하기 때문에, '마른 안주 2개에 8만 원, 과일 안주 2개에 10만 원'이라는 명세서에 세금까지 포함시키는 등, 치밀함을 보이는 것이 특징이다. 또한 청구서를 경리부뿐 아니라 사장 앞으로 보내는 경우도 있다고 한다.

이것은 우편물 사기로, 가공의 청구서를 보내서 돈을 갈취하는 방법이다. 우편물 사기는 실제로 상대방의 얼굴을 보지 않아도 되기 때문에, 말이 서툰 사람이라도 이용할 수 있고 우송하기만 하면 된다는 장점이 있다.

또 세밀한 명세서를 보내는 것은 신뢰성을 높이기 위한 테크닉이다. 아마 경리부 직원이 이렇게 세밀한 명세서를 보면 가짜 영수증이라고는 생각하지 못할 것이다. 실제로 가짜 명세서는 진짜 명세서와 거의 구별이 안 될 정도로 정교하기 때문이다.

경리부 앞으로 보내는 것도 그들의 계략이다. 일부 상장기업에서는 5, 60만 원 정도의 접대비를 일일이 사장에게 확인하면 오히려 경리부가 욕을 먹는다. 그렇기 때문에 경리과 직원들은 자신의 판단으로 도장을 찍어버린다.

게다가 청구서가 도착하는 시기도 아주 절묘하다. 사기꾼은 구정이나 연말과 같은 바쁜 시기를 택해서 청구서를 보내기 때문에, 경리과에서도 확인하기가 힘들다.

case3: 아무나 당첨되는 해외여행의 비밀

아주 간단한 두세 가지 질문에 대답했을 뿐인데, 해외여행에 당첨되는 일이 있다. 그러나 당첨된다고 어디에나 갈 수 있는 것도 아니고, 엄청난 추가 요금이 붙어서 거의 자기 돈으로 가는 것과 같은 경우가 많은데, 이것을 여행 사기라고 한다.

악질 여행 사기단에 걸리면 응모자 전원이 1등이나 2등에 당첨된다. 그곳에는 그럴듯하게 "팁이나 음료수 비용은 포함되어 있지 않습니다"라는 단서까지 붙어 있다. 또한 "원칙에 따라서 당첨을 확정하기 위해 10일 이내에 신청금을 내셔야 합니다. 신청금은 출발 당일에 전액 환불해드리겠습니다"라고 한다. 무료 여행에 당첨되었는데 왜 신청금이 필요하냐고 하면, 당첨자가 여행을 취소할 경우에 대비한 취소 수수료라고 한다. 그런 말을 들으면 고개가 끄덕여지지 않을까.

그런데 신청금을 입금해도 여행 일정은 알려주지 않는다. 이상하게 생각해서 전화를 걸면 그때는 아무도 전화를 받지 않는다. 그리고 알게 되는 것은 속았다는 사실뿐이다.

아무리 시시한 것이라도 당첨되었다는데 기분 나쁠 사람이 어디 있겠는가. 그 기쁨을 이용하는 것이 바로 여행 사기다. 구태여 당첨자를 발표하는 것은 아무나 당첨되는 것이 아니라는 사실과 함께, 당신이 특별한 사람이라는 것을 강조하기 위해서다. 또한 10일 이내에 신청해야 한다고, '10일 이내'를 일부러 강조한 것은 데드라인 테크닉을 사용한 것이다. 기간을 정함으로써 조바심을 부추기기 위해서다.

여행사와 함께 이런 전략을 사용한 경우에는 실제로 여행은 할 수 있기 때문에 사기는 아니지만, 옵션을 늘리거나 식사비용이 포함되어 있지 않는 등 예외 조항이 너무 많아 꽤 많은 사비가 들고 결국 돈을 빼앗기는 꼴이 된다. 이것은 맛있는 미끼로 고객을 낚고 나중에 비용을 추가하는 것이기 때문에 로 볼 테크닉이라고 할 수 있다.

case4: 막연한 희망이나 불안감을 주는 광고들

사람은 기적을 믿는다. 그리고 지름길로 가고 싶어한다. 그래서 잠을 자는 동안 저절로 살이 빠지기를 원한다. 또 사람은 누구나 건강에 대해서 막연한 불안감을 가지고 있다. 그렇기 때문에 엉터리 건강보조식품이나 운동기구를 파는 업자들에게 속는다. 물론 실제로 물건이 도착하기 때문에 무조건 사기로 몰아붙일 수는 없다. 물건이 도착하지 않으면 갈취 사기로 신고할 수 있지만, 물건이 정확히 도착했기 때문에 신고하기도 어렵다. 겉으로는 합법을 가장하기 때문에, 신문이나 잡지에 어이가 없을 정도로 많은 광고를 하고 있다. 물론 효과가 있을 리 없다.

"이 약을 먹으면 암에 걸리지 않습니다"라는 말은 다시 말해 "이 약을 먹지 않으면 암에 걸립니다"라는 말과 마찬가지가 아닌가. "이 약을 매일 아침 머리에 뿌리면 머리카락이 쑥쑥 자랍니다"라는 말도 "여자들은 대머리를 좋아하지 않는답니다"라는 공포 어필을 사용한 것이다. 많은 사람들이 한 번쯤 신문이나 잡지 광고를 보고 이상한 건강보조식품을 구입하는 이유는 이런 공포 어필에 넘어간 것이라고밖에 볼 수 없다.

또한 건강보조식품이 대부분 고액이라는 것도 사기를 치는 데는 아주 중요한 요인이다. '이렇게 비싼 제품이 효과가 없을 리 없어'라는 생각을 심어주기 때문이다. 아이젠크(H. J. Eysenk)라는 영국 심리학자에 따르면 아무 효과가 없는 가짜 약이라도 "이것은 반드시 효과가 있습니다"라고 건네주자, 실제로 3분의 1의 환자가 병이 나았다고 한다. 또한 수면제가 없으면 잠들지 못하는 환자에게도 가짜 수면제를 주면 편안히 잠을 잔다는 실험 결과도 있다. 단순한 설탕 덩어리라 하더라도 자기 암시를 이용하면 엄청난 효과를 얻을 수 있다.

물론 건강보조식품으로 효과를 본 사람이 있을지도 모른다. 그러나 그것은 건강보조식품 덕분이 아니라 단지 자기 암시가 강했기 때문이 아닐까. 또한 "나는 이것을 먹고 나았다!"는 식의 체험담이 꼭 있는데, 사진은 아무 상관없는 사람에게 빌리고, 글은 전문작가가 써주는 경우가 많다.

건강보조식품의 광고를 찬찬히 살펴보자. 그것만 먹으면 암과 위장병, 거친 피부, 관절염, 변비, 다이어트 등에 좋다니 완전히 만병통치약이 아닌가. 그렇게 좋은 약품이라면 왜 군이 광고를 하겠는가. 그리고 '편안히' '즉시' '모든 것에 효과가 있다'는 것도 아주 상투적인 표현이기 때문에, 소비자는 그만큼 신중해질 필요가 있다.

case5: 이유 없이 친절한 공짜 수리기사의 정체

"전자제품을 무료로 수리해드리고 있습니다."

아파트 단지에서 이런 전단지를 나누어주는 사람을 볼 수 있다. 그 전단지에는 유명한 기업의 전자제품 일람표가 실려 있다. 만약 그 일람표에 있는 전자제품을 가지고 있으면 무료로 점검해줄 뿐 아니라, 원한다면 48시간 이내에 무료로 수리까지 해준다는 것이다. 이 세상에 공짜를 싫어하는 사람이 어디 있으랴. 그래서 재빨리 전자제품 수리 신청서를 작성한다.

다음 날 밝은 표정의 수리기사가 찾아와서 제품을 살펴보고는 "역시 베어링이 고장났군요."라고 그럴듯한 말을 하면서 공장으로 가지고 간다. 물론 무료로 고쳐준다는 말을 남기고. 그리고 그렇게 가져간 전자제품은 두 번 다시 돌아오지 않는다. 왜냐하면 이미 그 길로 지방에 있는 중고제품 가게로 팔려가기 때문이다.

이것은 '공짜'라는 달콤한 미끼를 던져서 전자제품을 가져가는 수법으로, 로 볼의 변칙적인 테크닉이라고 할 수 있다.

처음에는 공짜라고 하면서 "예상보다 수리비가 많이 드니 1만 원을 내셔야겠습니다"라고 한다면 로 볼 테크닉이지만, 여기에서는 그렇지 않다. 아예 훔쳐가서 돌려주지 않기 때문에, 로 볼의 변칙적인 테크닉이라고 할 수 있다. 또한 수리기사는 그럴듯한 복장을 입었을 테니까, 신뢰성을 높이는 테크닉도 사용한 것이다. 문제는 베어링이 고장났다는 한마디 말만으로, 진짜 수리기사라고 생각하는 사람이 많다는 것이다.

case6: 100퍼센트 적중하는 투자가의 수상한 투자 권유

"앞으로 밀가루와 돼지고기, 검정콩 가격이 엄청나게 오를 것입니다."

갑자기 이런 전화를 받으면 누구라도 깜짝 놀랄 것이다. 아무래도 상대방은 경제 동향을 살펴서 예측하고 투자하는 사람인 것 같다.

"당신이 직접 투자하실 필요는 없습니다. 다만 우리 회사의 예측 능력을 확인하시면 됩니다. 앞으로의 거래 동향을 지켜보십시오."

남자는 그렇게만 말하고 전화를 끊는다. 어안이 벙벙한 상태로 며칠을 지켜보자, 정말로 그 남자가 말한 상품의 가격이 오르는 것이 아닌가.

며칠이 지나서 두 번째 전화가 걸려온다. 이때도 투자를 권유하지는 않는다.

"지난번에도 말씀드렸지만, 우리 회사에 투자해도 좋을지 시간을 두고 판단하시기 바랍니다."

남자의 예상은 또다시 적중하고, 세 번째 전화를 받을 무렵에는 이미 남자의 말을 100퍼센트 신뢰한다. 게다가 지난번에 놓친 첫 번째와 두 번째 투자 기회까지도 만회하기 위해, 무리해서 많은 돈을 투자한다. 그러나 투자는 결국 물거품으로 끝나고 만다. 사기꾼은 은행에 들어온 돈을 확인하자마자 걸음아 나 살려라 하고 뒤도 돌아보지 않은 채 도망치기 때문이다.

이 사기꾼이 전화번호부에서 1,000명을 선별해서 전화를 걸었다는 사실을 아는가. 아마 꿈에도 생각하지 못할 것이다. 사기꾼은 첫 번째 전화에서 500명에게는 상품 가격이 올라갈 것이라고 하고, 나머지 500명에게는 내려갈 것이라고 한다. 그리고 두 번째 전화는 예측이 맞은 500명에게 전화를 걸어서, 다시 250명에게는 올라갈 것이라고 하고 다른 250명에게는 내려갈 것이라고 한다

그 결과 사기꾼의 손에는 투자하고 싶어서 좀이 쑤시는 250명의 명단이 남는다. 그리고 세 번째에는 그 250명이 거금을 입금하는 것이다. 이 250명은 이 남자의 투자 실력을 믿어 의심치 않기 때문에, 거금을 투자하는 데 조금도 주저하지 않는다.

이것은 많은 시간을 들여 신뢰성을 높이는 테크닉이라고 할 수 있다. 실제로 마지막까지 남은 250명은 그 남자가 항상 올바른 예측을 한다고 믿을 수밖에 없다. 이면의 심리전에서는 이렇게 교묘한 수법을 사용하는 사람이 수도 없이 많다는 사실을 기억하기 바란다.

어떤 사람은 "우리 회사는 투자에 관해서는 상당히 자신이 있습니다. 경제학 박사이신 ○○ 씨도 우리 회사에 협조해주고 있습니

다.”라고 말하면서 신뢰성을 높이는 테크닉을 사용하기도 한다. 그러나 앞에 나온 예와 이것은 질적으로 다르다. 실제로 가격상승을 알아맞히기 때문에, 사기라고는 꿈에도 생각하지 못하는 것이다.

case7: 족집게 점쟁이의 비법

“사람들과 함께 있으면 말이 많지만, 혼자 있으면 말이 없군.”

맞다. 실제 성격이 그렇다.

“지금까지 괴로운 사랑을 많이 한 것을 보니, 짝사랑을 했나 보군.”

그런 것까지 맞추다니! 놀라지 않을 수 없다. 마치 자신의 눈으로 확인한 것처럼 말하지 않는가. 놀라움을 감추지 못하는 당신 앞에서 점쟁이는 계속 말을 잇는다.

“이름이 좋지 않아. 이름을 바꾸지 않으면 내년에는 큰 사고를 당하겠어.”

이런 말을 듣고 불안하지 않을 사람이 어디 있으랴. 이름만 바꾸면 된다고 생각했는데, 점쟁이는 “저축한 돈을 찾아 모두 나에게 맡겨. 돈이 없어야 비로소 앞이 보이는 거야.”라고 말하지 않는가. 상대방의 수상쩍은 표정을 보고 가짜 점쟁이는 혀를 끌끌 찬다.

“돈을 찾을 때 떨떠름하게 생각하면 계속 그런 운명에서 피할 수 없지. 기분 좋게 돈을 찾게. 그렇지 않으면 운명의 굴레에서 벗어날 수 없어.”

결국 점쟁이를 믿고 지금까지 먹고 싶고, 입고 싶은 것 다 참으면서 모은 3,000만 원을 준다. 그러면 신기하게도 지병이었던 허리 통증이 없어진 것 같고, 몸도 가벼워진 느낌이 든다. 3,000만 원이 아깝기는 하지만, 당신은 친구에게도 알려주기로 한다…….

일단 첫 번째 점부터 살펴보자. 여기에 해당되지 않는 사람이 어디 있을까. 혼자 있으면 말이 없어지는 것은 당연하지 않은가. 혼자 있을 때도 계속 떠들면 미친 사람이라고 취급받을 것이다. 또 누구라도 한두 번은 짝사랑의 경험이 있지 않을까. 더구나 짝사랑이기 때문에 괴로운 것은 당연하다. 결국 이렇게 말하면 틀렸다고 생각하는 사람은 한 사람도 없을 것이다. 이런 식으로 누구에게나 해당되는 사항에 대해서 맞는다고 생각하는 경향을 심리학에서는 '바넘 효과(barnum effect)'라고 한다. 특히 다음과 같은 경우에는 믿어 의심치 않는다는 사실이 실험을 통해 증명되었다.

1. 정보가 자신에게 좋은 내용일 때.
2. 정보의 내용이 애매하고 추상적일 때.
3. 정보 제공자의 지위나 평판, 전문성이 높을 때.

이것은 '족집게 점쟁이'라고 생각하게 만드는 수법이기 때문에, 투자 사기와 마찬가지로 신뢰성을 높이는 테크닉이라고 할 수 있다.

그들은 일단 상대방이 자신을 믿으면 서서히 돈을 버리라고 명령한다. 물론 충분히 납득할 수 있는 이유를 덧붙이면서……. 게다가 그들은 미래의 불안을 암시하는 공포 어필 테크닉도 사용하고 있다는 사실을 놓쳐서는 안 된다.

case8: 교활한 결혼 사기의 덫

여전히 우리 주위에서는 결혼 사기를 흔히 찾아볼 수 있다. 결혼 적령기에 있는 남녀에게 접근하여, 결혼을 암시하면서 돈을 갈취하는 행위이다. 그러나 최근에는 개인적인 결혼 사기꾼과 함께 결혼 상담소와 한 패가 되어 조직적으로 사기를 치는 경우가 늘고 있다.

그들은 일단 스포츠 신문이나 잡지에 광고를 내 가입자를 모집한다. 신청비는 다른 결혼 상담소보다 훨씬 저렴하다. 그리고 신청하는 즉시 신청자에게 맞는 여자를 소개해주고, 데이트를 알선해준다. 여기까지는 다른 선량한 결혼 상담소와 조금도 다르지 않다.

그런데 막상 결혼 이야기가 나오면 갑자기 여자가 남자의 부모와 싸움을 한다거나 남자에게 트집을 잡는다. 이유는 아주 사소하다.

"부모와 같이 살 거면 미리 말해야지요!"

"연봉에 세금이 포함된 줄은 몰랐어요."

그러면 다음에는 결혼 상담소 직원이 심각한 얼굴로 피해보상비를 청구한다.

"여자분이 몹시 화가 났습니다. 거짓말을 했다면서 우리 결혼 상담소까지 고소하겠다지 뭡니까? 정말 유감스럽지만, 계약 위반으로 위약금을 내셔야겠습니다."

이렇게까지 말하면 남자는 위약금을 내지 않을 수 없다. 거짓말을 하거나 자신을 과장한 것이 사실이기 때문이다. 물론 결혼 상담소에서는 처음부터 위약금이 목직이다.

결혼을 하고 싶은 욕망이 강하지 않더라도 사람은 누구나 자신을 조금씩 과장한다. 가령 연봉을 조금 높게 말하거나 나이를 얼버무리거나 대머리라는 사실을 속이거나……. 특히 맞선 자리에 나온 상대방이 마음에 든다면 자기도 모르게 이런 거짓말 정도는 하지 않을까. 더구나 결혼하고 싶어서 안달하는 사람이 자신을 조금 과장하는 것은 어쩌면 당연할 것이다.

이런 결혼 상담소는 이렇게 결혼하고 싶어 거짓말하는 사람들의 심리를 교묘하게 이용한다. 실제로 거짓말을 했기 때문에 당사자는 빠져나갈 수 없는 궁지에 몰린다. 아무리 변명해도 사기꾼은 처음부터 그 점을 노리고 있었기 때문에 쉽게 빠져나가기 어렵다.

이 사기는 상대방에게 문제가 있다고 정당하게 호소할 수 있기 때문에, 결혼 상담소에서는 자신이 속았다고 주장할 수 있는 이점이 있다. 실제로 많은 위약금을 물어주면서도, 자신이 결혼 사기를 당했다고 생각하는 사람이 몇이나 될까. 그만큼 교활한 수법이다.

또한 이것은 '책임전가법'이라는 아주 특수한 테크닉이다. 책임전가법은 일단 상대방에게 문제를 떠넘기는, 즉 책임을 전가하는 방법이다. 일부러 지갑을 떨어뜨리고 누군가가 지갑을 줍는 순간 "도둑이야!" 하고 소리치는 것이나, 소매치기처럼 보여 백화점 직원이 붙잡으면 "이 백화점에서는 손님을 이렇게 대하나!" 하며 오히려 소송을 거는 방법이다. 이것은 뛰어난 연기력이 필요하지만, 일단 걸리면 꼼짝없이 당할 수밖에 없다는 점이 특징이다.

case9: 사람은 공권력에 약하다

"시청 쪽에서 나왔습니다. 이번에 이 아파트 단지에 쓰레기 소각로를 설치하기로 했습니다. 다들 힘드시겠지만 한 집에 5,000원씩만 부담해주시면 감사하겠습니다."

"보건소 쪽에서 나왔습니다. 최근 유행하는 중년층의 성병을 검사할 수 있는 약품이 나왔습니다. 이 약품을 사용하면 병원까지 가지 않아도 되고, 그 결과만 보건소에 알려주시면 됩니다. 약품 가격은 3,000원입니다."

"올 여름에 발생할 수해를 대비해 조사하러 나왔습니다. 조사는 무료입니다. 만약에 집 수리가 필요하다면 정부에서 비용의 절반을 보조해줄 것입니다."

"교육위원회 쪽에서 자녀분의 학습에 대해서 조언해드리고 있습니다. 조언은 무료이지만, 교재비는 각자 부담하셔야 합니다."

이 말들은 모두 편취 사기의 사례다. 사람은 공권력에 약할 수밖에 없다. 그래서 경찰서나 시청, 관공서에서 나왔다고 하면 일단 대부분 믿는다. 즉 그럴듯하게 위장하면 상대방이 의심의 끈을 놓아버리는 것이다. 더구나 사기꾼은 전문용어까지 그럴듯하게 사용하고 있다. 경찰서에서 나왔다고 하면서 어려운 전문용어와 함께 교묘하게 연기한다면 누가 믿지 않을 수 있겠는가. 이것은 권위 테크닉이나 신뢰성을 높이는 테크닉이지만, 실제로 그 자리에서 이 테크닉을 알아차리는 사람은 별로 없다. 사기꾼의 행동이 너무 당당해서 전혀 가짜처럼 보이지 않기 때문이다. 게다가 사기꾼은 "시청에서 나왔습니다"가 아니라 "시청 쪽에서 나왔습니다"라고 미리 도망칠 길을 마련해두는 것도 잊지 않는다.

전형적인 편취 사기에서는 '무료 진단 → 실비 부담'이라는 테크닉을 사용하고 있지만, 반대로 말하면 이 테크닉이 그만큼 효과적이라는 뜻이다. 또한 금액도 쉽게 포기할 수 있는 몇 천 원에서 몇만 원으로 설정해두고 있다. 사기꾼은 주부들이 수상쩍게 생각하지 않고 지갑을 여는 금액이 그 정도라는 사실을 잘 알고 있는 것이다.

이 사기에 넘어가지 않으려면 누가 오든지 일단 "전화를 걸어서 알아볼게요."라고 말해야 한다. 상대방은 어떻게든 변명하겠지만, 신경 쓰지 말고 즉시 전화기로 향하라. 또 돈 이야기가 나오면 은행으로 입금시키겠다든지 내일 받으러 오라든지 직접 갖다주겠다든지 해서, 어쨌든 그 자리에서는 절대로 지갑을 열지 말아라.

case10: 허영심을 이용하는 예술품 사기

예술품은 원래 정가가 없다. 최소한의 재료비는 있지만, 절대적인 가격 기준이 없기 때문이다. 따라서 1만 원짜리 도자기를 1억 원에 팔아도 사기라고 몰아붙일 수 없다.

실제로 '14세기의 작품 발견!'이라고 광고해서, 입찰을 통해 모든 작품을 비싼 값으로 팔아치운 사건이 일어난 적도 있다. 또한 1962년 르누아르의 〈소녀〉라는 그림이 도난당했다는 소식이 전해지자, "내 친구가 그 그림을 훔쳤는데 사지 않겠나?"라고 사람들에게 가짜를 팔려고 한 사건도 있었다.

또 일본의 사노 겐산이라는 도공의 탄생 300주년을 맞이한 1962년에는, 놀랍게도 2,000점 이상의 가짜 도자기가 세상을 돌아다녔다고 한다. 이런 식으로 신문기사를 교묘하게 이용하면서 가짜를 파는 예술품 사기도 있다.

예술을 모르는 아마추어가 진짜 예술품을 어떻게 구별할 수 있을까. 실제로 미대생들에게 가짜를 그리게 해서 팔아치운 사기꾼이 있었는데, 그들은 잡힐 때까지 수백 장의 가짜 그림을 파는 데 성공했다고 한다. 더구나 사기꾼은 진짜라는 증명서까지 붙여서 판다. 증명서를 보여주면 사람들은 보통 안심하게 마련인데, 이것도 신뢰성을 높이는 테크닉이라고 할 수 있다.

인간은 모두 허세를 부리고 싶은 마음이 있다. 그렇기 때문에 고가의 예술품을 사려고 한다. 값비싼 예술품을 가지고 있으면 왠지 주위 사람보다 교양 수준이 높다거나 다른 부류라는 착각에 빠질 수 있는데, 이런 허영심을 이용한 것이 바로 예술품 사기다.

예술품 사기뿐 아니라 세상에는 증명서에 속는 사람이 많기 때문에, 증명서에 특히 주의할 필요가 있다. 애완동물만 해도 가짜 혈통서만 있으면 사기의 성공률이 상당히 높아진다.

애당초 증명서가 있는 예술품을 방문판매한다는 것이 이상한 일이 아닌가. 그렇게 뛰어난 예술품이라면 반드시 수집하려는 사람이 있기 때문에, 일반적으로 경매에 붙이는 것이 상식이다.

또한 "도난품이기 때문에 공개적으로 판매할 수 없다"고 사기를 정당화하는 사기꾼도 있는데, 이것은 더욱 이상하다. 그 말을 들은 사람이 경찰에 신고라도 하면 어떡하려는지. 그런 물건이라면 더욱 신뢰하는 사람에게 파는 것이 당연하지 않을까.

case11 : 장례식을 이용한 사기

사기꾼만큼 신문을 열심히 보는 사람이 있을까. 그들은 신문 구석 구석까지 훑어보면서 사기 칠 만한 일이 없나 찾아 헤맨다. 예를 들어 신문에서 부고 기사를 발견하면 사기꾼은 유족 앞으로 다음과 같은 편지를 보낼 것이다.

"김 형. 얼굴을 본 지 한참 지났는데 어떻게 지내나? 잘 지내지? 예전에는 자주 어울려서 술도 마셨는데, 요즘은 왜 이렇게 소식이 없는 건가? ○○에게도 손자가 생겼다고 하더군. 이제 우리도 할아버지 대열에 들어선 거지. 참 그건 그렇고, 예전에 빌려준 500만 원 말인데, 돌려줄 수 없겠나? 자네와 나 사이에 이자는 필요 없네. 이번에 아들이 결혼해서 목돈이 필요하거든. 다음 달까지 부탁하네. 그러면 3월에 동창회가 있다고 하니 그때 만나세."

이런 편지를 받으면 유족으로서는 당연히 돌아가신 분이 생전에 빚을 졌다고 생각할 것이다. 그리고 빌리지도 않은 돈을 보낸다. 더구나 '저의 아버님께 돈을 빌려주셔서 감사합니다. 아버님께서 돌아가셔서, 제가 대신 송금합니다'라는 눈물겨운 편지를 함께.

또는 업자를 가장하는 수법을 쓴다. 이것은 편취 사기의 일종으로, 장례식 같은 특수한 상황을 이용하는 것이다. 그들은 일단 꽃가게에서 온 것처럼 위장하고, "지금 꽃 값을 주셨으면 합니다."라고 하면서 그 자리에 있는 친척들에게 돈을 받아간다. 다들 정신 없이 바쁘기 때문에 구태여 유족에게 확인하지 않고, 친족이나 친구들이 대신 내주는 것이 일반적이다. 더구나 영수증까지 끊어준다면 속지 않는 게 이상하지 않을까. 식당을 가장하거나 장례식장 직원을 가장하여 돈을 갈취하는 등, 비슷한 종류의 수법이 많으니 조심하기 바란다.

조의금을 탐내는 사기꾼도 있다. 이 사기는 조의금을 접수하는 사람에게 "힘들 테니까 안쪽에 들어가서 좀 쉬시지요. 그동안 제가 보고 있겠습니다"라는 다정한 말을 건네면서 시작된다. 이렇게 말하면 접수하는 사람도 "고맙습니다. 계속 앉아 있었더니 엉덩이가 아프군요. 가서 커피라도 한잔 마시고 오겠습니다"라고 하면서 자리를 뜬다. 그것은 사기꾼이 파놓은 함정으로, 상대방이 자리를 뜨면 사기꾼은 모든 조의금을 챙겨서 삼십육계 줄행랑을 칠 것이다. 이와 비슷한 수법으로 결혼식장에서 축의금을 가지고 도망치는 사기도 있다. 친구나 친척을 가장한다는 점에서 같은 수법이라고 할 수 있다.

장례식장과 결혼식장에서는 솜씨가 좋지 않은 3류 사기꾼이라도 감쪽같이 속일 수 있다. '전문적인 사기꾼이 되고 싶으면 결혼식장이나 장례식장에 가서 연습하라'는 농담도 있는데, 그것은 사기의 본질을 꿰뚫는 말이다. 장례식장이나 결혼식장에서는 사람들이 다들 정신 없기 때문에 냉정한 판단을 하기가 어렵다는 공통점이 있다. 따라서 별다른 테크닉을 사용하지 않아도 쉽게 성공할 수 있다.

그러면 그들이 사용하는 사기 메커니즘은 무엇일까.

첫째, 사람은 누구나 가족에게조차 말하지 않는 비밀이 있다. 나이 많은 노인 중에도 야한 책을 즐겨 보는 사람이 있고, 아내에게 비밀로 하고 딴 주머니를 차는 남편도 있다. 그렇기 때문에 가족들 몰래 돈을 빌렸다고 해도 그럴 수 있을 것이라고 생각하는 사람이 많다. 거기에다 장례식이 끝나고 채 마음이 안정되지 않은 상황이라는 것도 사기꾼에게는 좋은 조건이다.

둘째, 그들의 교활한 점은 바쁜 시간을 노린다는 것이다. 여기에서는 편취 사기와 같은 메커니즘이 작용한다.

셋째, 결혼식과 장례식에서는 한 번도 만난 적이 없는 사람들이 많다. 어차피 서로 모르는 사람들이기 때문에 사기꾼도 당당하게 거짓말을 할 수 있다. "고인에게 생전에 많은 신세를 졌습니다."라는 말에, "어떤 신세를 졌지요?"라고 질문하는 유족이 어디 있으랴. 모든 것을 꼬치꼬치 캐묻는 사람이 없다는 점까지 사기꾼은 미리 계산에 넣어두었으리라.

마음이 들떠 있는 사람을 속이는 일만큼 쉬운 일은 없다. 포거스(J. P. Forgas)라는 심리학자는 분위기 있는 음악을 듣거나 기분이 좋을 때 사람들을 설득하기 쉽다고 한다. 어쨌든 결혼식장이나 장례식장에서는 사기꾼에게 걸리기 쉽다는 사실을 명심하기 바란다. 이것은 평소보다 피곤할 때 감기에 걸릴 확률이 높은 것과 마찬가지다.

심리적 허점을 찌르는 사기꾼들의 말

마지막으로 사기꾼들이 상투적으로 사용하는 말들을 소개한다.

친밀함을 강조하는 말

일부러 자신의 속마음이나 비밀을 말해 상대방에게 좋은 인상을 끌어내려는 수법이다.

"최근에는 사기를 치는 부동산업자들이 많아서, 같은 일을 하는 우리까지 어려움을 겪고 있지요."

"다른 사람은 속일 수 있어도 당신만은 속일 수 없겠군요."

"다시 한 번 강조하지만, 우리는 절대로 피라미드 장사꾼과는 다릅니다."

"앞으로 계속 얼굴을 봐야 할 사람에게 제가 거짓말을 하겠습니까?"

"할 수만 있다면 가슴을 열어 보여주고 싶습니다."

"나는 거짓을 싫어하기 때문에 언제나 진실만 얘기합니다."

"이거 큰일났군요. 해서는 안 되는 말을 했어요. 비밀을 지킬 수 있나요?"

미래에 눈길을 돌리게 함으로써 현재의 비용을 생각하지 못하게 하는 말

"가격은 조금 비쌀지 모르지만 결국 이익이지요."

"장기적으로 보십시오. 틀림없이 잘 사셨다고 생각할 겁니다."

"앞으로 지금 사용한 돈의 수십 배가 돌아올 것입니다."

미래의 불안을 부추기는 말

미래로 눈길을 돌리게 함으로써 현재를 보지 못하게 한다는 점에서 앞에 나온 사례와 비슷하다.

"유비무환이라고 하지 않습니까? 미리 대비해서 나쁠 것은 없지요."

"왜 필요 없다고 생각하지요?"

"모두들 그렇게 말하면서 실패한답니다."

몸 어딘가가 아플 것이라고 전제하는 말

이렇게 물으면 아무리 건강한 사람이라도 아픈 곳을 찾는 법이다.

"어디가 나쁘지요?"

비슷한 수법으로 다음과 같은 말이 있다.

"네 종류가 있는데, 무엇을 사시겠습니까?"

"다행이군요. 아직까지는 종류가 많아서 선택의 폭이 넓습니다."

아는 사람의 이름을 말해서 친근감을 나타내는 말

아는 사람의 이름이 나오면 아무래도 마음이 풀리면서 허점을 보이기 쉽다.

"○○ 씨의 소개로 찾아왔습니다."

"○○ 씨가 하고 있는 것입니다."

"이 아파트 단지에 사는 사모님들은 모두 가지고 계십니다. 예를 들면 ○○, △△……."

당신을 특별하다고 부추기는 말

다른 사람보다 좋은 대우를 해준다고 하는데 기분 나쁠 사람이 어디 있겠는가.

"이 던힐 라이터는 당신에게만 특별히 3만 원에 팔겠습니다."

"아무에게도 말하지 않는다는 조건으로, 당신에게만 5만 원에 '팔겠습니다."

"친구니까 하는 말인데……."

"다른 손님에게는 10퍼센트만 할인해주는데, 손님에게는 특별히 20퍼센트를 할인해드리지요."

레토릭 테크닉의 변형

비싸다고 사양하면 사기꾼들은 할부를 권한다. 할부라고 해도 전체 금액이 변하는 것도 아니고, 오히려 이자까지 붙어서 더 비싼 것이 보통이다. 그런데 할부로 하면 왠지 저렴한 것처럼 생각된다.

"그러면 할부는 어떨까요? 할부라면 한 달에 만 원이면 되는데."

"하루에 커피 한 잔 값입니다. 커피 한 잔만 참으시지요."

"한 달에 만 원이면 절대 비싼 금액이 아닙니다."

나를 지키기 위한 최소한의 방패를 갖다

나는 책을 읽은 후에 지나치게 흥분하는 경향이 있다. "지금 당장 이 책에서 배운 지식을 살리겠다"고 큰소리친다. 책을 읽고 나면 생활이나 인생이 좋은 방향으로 바뀔 것 같은 기대감이 솟구치기 때문이다. 그러나 유감스럽게도 일주일만 지나도 그 책을 읽었다는 사실조차 기억에서 희미해질 때가 많다. 그 책이 나빠서가 아니라, 아무리 좋은 책이라도 한 번 읽고서는 내용을 완전히 파악하기가 어렵기 때문이다. 나는 100번 넘게 읽은 책이 몇 권 있는데, 그렇게 해야만 비로소 그 책의 내용이 피가 되고 살이 되는 것이 느껴진다. 그러면 자신의 말로 그 책의 내용을 주장할 수 있다.

그렇다고 해서 이 책을 100번 이상 읽으라는 말은 아니다. 도어 인 더 페이스 테크닉을 사용하면 "100번을 읽으십시오. 그것이 불가능하면 10번, 그것도 불가능하다면 적어도 3번은 읽으십시오."라고 해야겠지만, 그럴 생각은 전혀 없다. 그러나 어떤 식으로든지 이 책이 도움이 되었으면 좋겠다.

그래서 어떻게 하면 이 책의 내용을 살릴 수 있을지 생각해보았다. 어린 시절에 낯선 장소로 놀러간 적이 있다고 하자. 그러면 평소에는 머리 한쪽 구석에 안개가 낀 것처럼 어렴풋한 기억으로 남아 있을 것이다. 그러나 앨범에 있는 사진 한 장을 본 순간 그때의 기억이 생생하게, 더구나 끝없이 되살아나는 일이 있지 않는가. "그래, 여기야, 여기. 여기에 이게 있었고, 저기에서 이러저러한 걸 하면서 놀았지. 옆에 있는 누구는 이런 사람이고……." 하면서 마치 비디오의 재생버튼을 누른 것처럼 줄줄이 생각나는 경험 말이다.

인간의 기억은 네트워크처럼 서로 뒤얽혀 있다. 각각의 기억이 서로 다른 서랍에 들어 있는 것이 아니라, 서로 하나의 거대한 틀로 짜여 있다. 그렇기 때문에 아주 미미한 하나의 단서라도 그것을 통해 수많은 기억이 생생하게 되살아나는 것이다.

이 책을 여러 번 읽는 것은 힘들겠지만, 차례를 보는 정도는 그리 어렵지 않을 것이다. 차례를 보면서 책에 어떤 내용이 있었는지 떠올려본다면 더 오래 기억에 남을 것이다.

그리고 더 중요한 일은 말할 필요도 없이 실제로 활용해보는 것이다. 하루에 하나라도 좋으니 책에서 소개한 심리학 이론 중 하나를 선택해서 그것이 어떻게 쓰이고 있는지 살펴보거나 스스로 시도해보라. 처음에는 잘 안 보일지도 모르지만, 이것도 운동과 마찬가지라, 계속 시도하면 나아질 것이다.

그렇게 해서 이론과 실천의 수레바퀴에 균형을 잡을 수 있다면, 당신의 인생 무기고에는 심적으로 스스로를 지킬 수 있도록 도와주는 무기들이 즐비해질 것이다. 다행히 일상 속의 경쟁은 육탄전과 달리 죽음이 기다리고 있는 일은 없다. 실패할 것 같으면 다른 수단이나 전략을 시도할 수도 있고, 실패하더라도 만회할 수 있는 전략이나 기회는 얼마든지 있다. 따라서 용기를 가지고, 게임을 즐긴다는 마음으로 여유를 가지고 험한 세상에서 스스로를 지키며 살아가길 바란다.

옮긴이 이선희

부산대학교 일어일문학과를 졸업하고 한국외국어대학교 교육대학원 일본어교육과에서 수학했다. 부산대학교 외국어학당 한국어 강사를 거쳐 삼성물산, 숭실대학교 등에서 일본어를 가르쳤으며, 고려대학교 사회교육원에서 일본어 영상번역을 강의했다. 외화 및 출판 번역작가로 활동하고 있다. 옮긴 책으로는《20대에 하지 않으면 안 될 50가지》《사고신탁》《초일류 업무술》이 있으며, 이외에도《방황하는 칼날》《공허한 십자가》《천국까지 100마일》《은하철도의 밤》등을 번역했다.

이제는 절대로 심리전에서 밀리지 않는다

초판 1쇄 발행   2001년 2월 22일
개정2판 1쇄 발행   2017년 9월 13일

지은이   이토 아키라 · 나이토 요시히토
옮긴이   이선희
책임편집   서슬기
디자인   주수현 이미지

펴낸곳   바다출판사
발행인   김인호
주소   서울시 마포구 어울마당로5길 17 5층(서교동)
전화   322-3885(편집), 322-3575(마케팅)
팩스   322-3858
E-mail   badabooks@daum.net
홈페이지   www.badabooks.co.kr
출판등록일   1996년 5월 8일
등록번호   제10-1288호

ISBN   978-89-5561-922-5 03180